NO RISCO DA VIOLÊNCIA

REFLEXÕES PSICOLÓGICAS SOBRE A AGRESSIVIDADE

JAYME BISKER
MARIA BEATRIZ BREVES RAMOS

Mauad X

Direitos desta edição reservados à
MAUAD Editora Ltda.
Rua Joaquim Silva, 98, 5º andar
Lapa — Rio de Janeiro — RJ — CEP: 20241-110
Tel.: (21) 3479.7422 — Fax: (21) 3479.7400
www.mauad.com.br

Projeto Gráfico:
Núcleo de Arte/Mauad Editora

CIP-BRASIL. CATALOGAÇÃO-NA-FONTE
SINDICATO NACIONAL DOS EDITORES DE LIVROS, RJ.

B527n

Bisker, Jayme
No risco da violência: reflexões psicológicas sobre a agressividade / Jayme Bisker, Maria Beatriz Breves Ramos. - Rio de Janeiro: Mauad X, 2006

Inclui bibliografia

ISBN 85-7478-192-4

1. Freud, Sigmund, 1856-1939. 2. Kohut, Heinz. 3. Violência - Aspectos psicológicos. 4. Agressividade (Psicologia). 5. Violência - Aspectos morais e éticos. 6. Emoções. I. Ramos, Maria Beatriz Breves. II. Título.

CDD 152.452 CDU 159.942.56

SUMÁRIO

1

INTRODUÇÃO

A violência vem, dia-a-dia, invadindo as nossas vidas. São assaltos, assassinatos, seqüestros, balas perdidas, sujeira, abandonos, desemprego, drogas, corrupção, contaminação, falta de saneamento básico, descaso com a educação e com a saúde. Isto, além de muitos funcionários do alto escalão do governo que, ao desviar altíssimas quantias dos cofres públicos, ficam milionários e, assim, ainda, podem conseguir advogados de excelência para defendê-los contra qualquer acusação.

São facínoras que, quando presos, ironicamente, com bom comportamento, obtêm a redução da pena para pouquíssimos anos; e isto, quando são presos! E, ainda, mães que abandonam filhos, mulheres que alugam crianças para usá-las como pedintes, pais ausentes. A falta da cidadania, a indignidade, o desrespeito, a indigência e a fome.

É comum algumas pessoas se posicionarem de forma passiva como vítimas da violência social. Elas não percebem que podem estar se valendo da apatia para se omitir, para se eximir de qualquer responsabilidade sobre os fatos que acontecem ao seu redor.

O ser humano é um ser pensante. E pensar é reformular e assumir o compromisso que se tem não só com o individual, mas também com o coletivo. Em outras palavras, pensar é se implicar na reformulação de condutas próprias e do convívio coletivo.

Quando a pessoa se posiciona de forma passiva como uma vítima, ela não está usando a sua capacidade reflexiva e de ação, mas omitindo-se como ser integrante e participativo da comunidade, tornando-se, assim, mais um instrumento de violência para si, para os seus e para o seu meio.

Entendemos que é preciso migrar da posição de passividade para a posição de ação individual e coletiva.

Compreendemos que para mudar o quadro de violência que assola o nosso país, e o mundo, precisamos começar primeiro a mudança individual, adquirindo o compromisso de tentarmos não ser (e/ou fazer) aquilo que criticamos, apreendendo um pouco melhor a nossa própria agressividade, para que ela possa se manifestar de forma assertiva e não nociva.

Em outras palavras, devemos realizar as nossas vidas com honestidade, não nos tornando corruptos ou corruptores, sob a justificativa de um Estado que, ao invés de nos resguardar com um sistema justo e promissor, nos desampara com um sistema injusto, corrupto e corruptor. Enfim, devemos nos manter inabaláveis em nossos valores éticos, no respeito e nas diferenças na convivência mútua, assumindo a nossa parte e reivindicando que o outro assuma a parte dele e, ainda, no campo coletivo, que o Estado cumpra a sua função de viabilizar as condições sociais de uma vida coletiva com dignidade.

E foi com esta proposta que este livro foi escrito.

Esta obra não pretende ser uma proposta teórica ou um estudo aprofundado sobre a violência, mas um convite para pensar. Pretende muito mais um ato reflexivo, a partir da experiência profissional de um médico psiquiatra e de uma psicóloga, ambos psicanalistas, sobre o que, no campo da psique, poderia levar uma pessoa a ser violenta. Até porque entendemos que está mais do que na hora de nos implicarmos neste processo, a fim de tentarmos colaborar, cada um realizando a sua parte, com a contenção da violência que vem assolando as nossas vidas, ameaçando, inclusive, o nosso planeta. E na parte que nos cabe, como profissionais, resolvemos contribuir, um pouco que fosse, escrevendo sobre algumas de nossas experiências e conhecimentos teóricos, a fim de podermos demonstrar a importância do aspecto emocional e afetivo para o desenvolvimento de pessoas mais felizes e não violentas.

O que se espera é que o leitor, ao final do livro, possa ter apreendido um mínimo de teoria e, acompanhando os exemplos citados, possa, a partir de sua reflexão, compreender um pouco melhor a questão da violência e da agressividade.

2

CENAS VIOLENTAS

São 20 horas. Estamos sentados na parte externa de um bar, apreciando a beleza da noite. De repente, ouve-se um barulho diferente, percebe-se um homem correndo e um outro caído ao chão.

Tudo acontecendo muito rápido, foi preciso algum tempo para que cada imagem rememorada começasse a fazer sentido.

Ocorreu que um senhor, ao sofrer um assalto, levou um tiro e caiu, morto, ao chão. O assaltante, a partir de então também um assassino, correu, fugindo.

Algumas pessoas, indignadas, comentavam:

– Ele já tinha conseguido assaltar, por que teve que matar? – um senhor falou.

– O bandido pensou que o homem estava reagindo! – o outro tentou esclarecer.

– Que nada, ele quis matar mesmo! – uma senhora contestou.

O que leva uma pessoa a cometer tal ato?

Este assaltante assassino era uma pessoa má? Um doente mental? Uma perversão social? Será que possuía algum defeito genético? Algum problema psiquiátrico? Algum problema psicológico?

Enfim, como compreender, se é que é possível compreender, uma pessoa capaz de atirar à queima-roupa em uma outra pessoa para roubar?!

Isto sem falar de casos como o de uma mulher que, para trabalhar, deixava o bebê com uma babá de sua extrema confiança. Um dia, descobre, voltando inesperadamente mais cedo para casa, que esta babá dopava freqüentemente sua filha com tranqüilizantes, para poder namorar durante o dia. Como pode uma pessoa se sentir tão indiferente diante da inocência e fragilidade de um bebê, a ponto de, em proveito próprio, pôr em risco a saúde de uma criança?

E os casos de famosos políticos corruptos que roubam diariamente todo um povo, lesando milhares de pessoas com atitudes extremamente demagógicas e ilícitas? Eles roubam e matam como qualquer assaltante à mão armada, pois estimulam a fome, a miséria e a desesperança! Como pode uma pessoa sentir paz, ao mesmo tempo que se enriquece à custa da exploração e miséria de um povo?!

Hoje em dia é comum se ouvir: "Fulano é do bem! Sicrano é do mal!" Sabedoria popular que traduz o sentimento das pessoas de que haveria gente de índole ruim e gente de índole boa.

Há também aquelas pessoas que temem tanto a maldade que a atribuem ao Demo, ao Maligno, ao Encosto, à Sociedade, ao fator genético, etc.

O que nos parece extremamente difícil é cada um se dar conta de sua parcela de maldade, de ódio, de agressividade e de violência. De um modo geral, as pessoas mantêm-se na tendência de projetar no outro, no mundo externo e até no além aquilo que não apreciam e, principalmente, temem em si mesmas.

E parece que na história da humanidade sempre foi assim.

No século IV, evidenciando a agressão e a violência daquela época, Aurelius Symmachus[1] registrou: "Por que havemos de ser sempre inimigos uns dos outros, uma vez que olhamos todos para as mesmas estrelas, habitamos, transitoriamente, o mesmo planeta e respiramos sob o mesmo céu?"

Tal qual, registrando a violência e a agressão dos dias atuais, na virada do século XX, nos jornais *on line,* entre outras notícias, podia-se ler:

- *O Globo on line*[2]:

Guerrilha mata 26 em atentado na Índia.

Palestino morre depois de esfaquear dois israelenses.

Execução de mexicano-americano marcada para dia 12.

Dois policiais esfaqueados até a morte na Indonésia.

- *Jornal do Brasil on line*[3]:

PM apreende granada e munição antiaérea em favela em Realengo.

Mãe corta pulsos de filho menor em "nome de Jesus".

- *Folha de S. Paulo on line*[4]:

Globalização esqueceu direitos humanos, diz relatório.

---

[1] Versão em inglês para o texto citado na versão em português: "And so we ask for peace for the gods of our fathers, for the gods of our native land. It is reasonable that whatever each of us worships is really to be considered one and the same. We gaze up at the same stars, the sky covers us all, the same universe compasses us. What does it matter what practical systems we adopt in our search for the truth. Not by one avenue only can we arrive at so tremendous a secret." Quintus Aurelius Symmachus (A.D. c. 340–402), Roman senator. Letter, written 384, to the Christian Emperor Valentinian II, pleading for the continuation of pagan ceremonies. Published in Finley Hooper and Matthew Schwartz, Roman Letters: History from a Personal Point of View, ch. 10 (1991). The Columbia World of Quotations. Copyright © 1996 Columbia University Press. http://www.bartleby.com/66/2/56902.html

[2] *O Globo on line*, de 7 de dezembro de 2000.

[3] *Jornal do Brasil on line*, de 7 de dezembro de 2000.

[4] *Folha de S. Paulo on line*, de 7 de dezembro de 2000.

Uma a cada 10 francesas é vítima de violência conjugal.

Uma a cada 10 crianças romenas é vítima de violência sexual.

Portanto, com esses escritos, um datado do século IV e os outros da virada do século XX, verificamos que a relação entre os seres humanos, do ponto de vista da violência, em nada se modificou. Pelo contrário, tanto tempo depois ainda continuamos *inimigos uns dos outros, a despeito de olharmos todos para as mesmas estrelas, habitarmos, transitoriamente, o mesmo planeta e respirarmos sob o mesmo céu.*

Por esta constatação entendemos que a questão da violência deve ser encarada de frente pela pessoa que, no dia-a-dia, a pratica e sofre a destrutividade, muitas vezes contida até em atos rotineiros, quase que imperceptíveis. Alguns de nossos atos são, aparentemente, tão insignificantes, que fica até difícil se perceber o grau de violência que eles contêm. Quem pode ver como um ato violento lavar uma calçada com água? O de se deixar para consertar depois a torneira que já está gotejando faz dias? Banhos muito demorados? Esses são atos tão freqüentes, mas que se fazem, em si mesmos, de extrema violência.

> A humanidade deverá enfrentar, no século XXI, um problema grave e de difícil solução – a falta d'água –, cujas conseqüências principais seriam a redução da oferta de alimentos e a proliferação de doenças infectocontagiosas[5].

E mais:

> Teremos de aprender a regular nossas ações não apenas em termos de nossas próprias necessidades, considerando as condições comunitárias e locais, como também refletir sobre as necessidades de todo o planeta. Temos de tornar nosso ambiente sustentável para o presente e para as futuras gerações, para os seres humanos e para os seres vivos.[6]

---

5 http://www.pfilosofia.pop.com.br/04_miscelanea/04_03_barsa/barsa_12.htm

6 http://cenp.edunet.sp.gov.br/Agua/introducao.asp

O assunto é tão sério que a ONU redigiu, em 22 de março de 1992, a "Declaração Universal dos Direitos da Água", da qual destacamos os itens primeiro, sétimo e oitavo:

> 1. A água faz parte do patrimônio do planeta. Cada continente, cada povo, cada nação, cada região, cada cidade, cada cidadão é plenamente responsável aos olhos de todos.
>
> 7. A água não deve ser desperdiçada nem poluída, nem envenenada. De maneira geral, sua utilização deve ser feita com consciência e discernimento para que não se chegue a uma situação de esgotamento ou de deterioração da qualidade das reservas atualmente disponíveis.
>
> 8. A utilização da água implica respeito à lei. Sua proteção constitui uma obrigação jurídica para todo homem ou grupo social que a utiliza. Essa questão não deve ser ignorada nem pelo homem nem pelo Estado[7].

A questão da água é o melhor exemplo que pudemos encontrar para exemplificar o quão nociva e violenta pode ser uma ação "inocente" do dia-a-dia.

[7] *ibid.*

3

ALGUMAS COMPREENSÕES PARA A ORIGEM DA VIOLÊNCIA

A violência, no seu sentido amplo, pode ser definida como:

> qualquer comportamento ou conjunto de comportamentos que vise causar dano a outra pessoa, ser vivo ou objeto. Nega-se autonomia, integridade física ou psicológica e mesmo a vida de outro. É o uso excessivo de força, além do necessário ou esperado. O termo deriva do latim *violentia* (que por sua vez deriva de *vis*, força, vigor); aplicação de força, vigor, contra qualquer coisa ou ente. Assim, a violência diferencia-se de *força*, palavras que costumam estar próximas na língua e pensamento cotidiano. Enquanto que força designa, em sua acepção filosófica, a energia ou "firmeza" de algo, a violência caracteriza-se pela ação corrupta, impaciente e baseada na *ira*, que não convence ou busca convencer o outro, simplesmente o agride.[8]

Em outras palavras, a intensidade da violência caracteriza-se pela intensidade da agressão imposta ao outro, seja este outro uma outra pessoa ou algo do meio ambiente. Cabe neste ponto acrescentar a violência que alguns impõem a si mesmos, agredindo-se, muitas vezes até matando-se.

No senso comum, a violência costuma ser compreendida como loucura ou maldade!

---

[8] http://pt.wikipedia.org/wiki/searchInput#searchInput

No Brasil, "o custo da violência corresponde a 10,5% do PIB". No mundo, "1,6 milhão de pessoas morrem a cada ano em conseqüência da violência (...) [9]". Em relação aos homens e às mulheres, "a maioria dos homens vítimas de homicídio é morta por desconhecidos, mais da metade das mulheres (que são assassinadas) são assassinadas por seus parceiros[10]". No que diz respeito a abuso sexual, "cerca de 20% das mulheres e até 10% dos homens sofreram abusos sexuais na infância[11]". E, ainda, "só o problema do abuso infantil custa aos Estados Unidos, anualmente, US$ 94 bilhões, ou 1% do PIB do país (...)[12]".

Em linhas gerais, seriam três as visões de compreensão da violência humana: a biológica, a social e a biopsicossocial.

A violência, se compreendida apenas pelo ponto de vista biológico, seria a manifestação de um fator intrínseco à espécie humana. O aspecto social estaria em segundo plano, influenciando pouco, ou nada, para a formação de um indivíduo violento.

De fato, na visão biológica para a compreensão da violência, o social só seria importante pela única possibilidade de contê-la, pois as leis teriam sido criadas justamente com esta proposta, ou seja, para conter a violência natural humana.

De acordo com Thomas Hobbes (1588-1679), filósofo inglês:

> as leis não se originavam de um instinto humano natural, nem de um consentimento universal, mas da razão em busca dos meios de conservação da espécie. Portanto, as leis controlariam a violência fisiologicamente presente na natureza humana (Estado Natural do Homem).

---

[9] http://www.bbc.co.uk/portuguese/ciencia/story/2004/06/040609_violenciaml.shtml

[10] *Ibid.*

[11] *Ibid.*

[12] *Ibid.*

> Neste enfoque a agressividade humana é entendida como parte do instinto de sobrevivência, tal como o é a forma natural de reação dos animais em certas condições e situações. Em tais circunstâncias, o mecanismo instintivo da agressividade dispararia automaticamente nos animais e nos homens (como animais que nunca deixaram de ser), e os leva a atacar outros da mesma espécie (...)
>
> É na tendência biológica da violência que habitam os conceitos de Personalidade Psicopática, Anti-Social, Dissocial, Criminosa. Através dos elementos constitucionais dá-se o diagnóstico de um Transtorno de Conduta para a criança delinqüente ou de Sociopata para essa criança adulta, ou o diagnóstico de Transtorno Explosivo da Personalidade, por exemplo. Biologicamente existiriam pessoas de bom e de mau caráter, assim como existem os histéricos, os deprimidos, os ansiosos, etc.[13]

Para exemplificar esta tendência, citamos o caso de Jorgeão[14], internado no manicômio judiciário por ter matado um homem. A bem de maior esclarecimento, Jorgeão não era considerado pela Justiça como um doente mental e deveria estar em um presídio comum, mas estava no manicômio judiciário por uma questão de segurança pessoal.

Exalando prazer, ele contava como havia matado um homem que, segundo a sua versão, não teria agido de forma correta com a sua família.

Assim, ele contava que, de forma premeditada, com movimentos bem lentos, pegou o sujeito e amarrou suas pernas e braços em dois carros, ou seja, as pernas foram amarradas no pára-choque de um

---

[13] Ballone GJ. *Violência e Saúde*, *in*: PsiqWeb, Internet, disponível em http://gballone.sites.uol.com.br/temas/violen_inde.html

[14] Em respeito ao sigilo ético, todos os nomes atribuídos às pessoas neste livro são fictícios; pelas mesmas razões éticas, alguns dados precisaram ser alterados, sem, no entanto, comprometer a idéia a ser passada.

carro, e os braços, no pára-choque de um outro carro. A seguir, colocou um dos carros em movimento, bem devagar, a fim de esticar o corpo do homem até ele morrer.

A visão biológica entenderia que este grau de violência seria devido a um fator biológico e que teria sido pela incapacidade da lei de controlar a violência de Jorgeão que ele assumiu a posição de justiceiro, julgando e condenando à morte um inimigo, com requintes de crueldade.

Em oposição à visão biológica, vejamos a que atribui a causa da violência a fatores sociais.

> A outra tendência (sociológica) tenta explicar a violência como fenômeno social, provocada por alguma conturbação da ordem, quer pela opressão pelos mais fortes, pela rebelião dos oprimidos, pela falência da ordem social, pela omissão do Estado (MINAYO e SOUZA). Nesse enfoque, a chamada "natureza humana" se manifestaria ao sabor das circunstâncias, surgindo a violência como conseqüência da miséria e da desigualdade sociais.
>
> Segundo essa idéia, um baixo nível de consciência de liberdade e responsabilidade acaba acarretando um sentimento de insatisfação permanente que se expressa em confrontação, oposição, alienação e condutas violentas.
>
> Essas teorias sociológicas tendem a compreender as condutas violentas como atitudes de sobrevivência de determinadas pessoas ou grupos vitimados pelas contradições sociais (...)[15]

Jorgeão, por esta vertente, seria compreendido como aquele que, pertencendo a uma classe social menos favorecida, sem estrutura familiar, pobre, etc. seria alguém cuja insatisfação permanente impedia que possuísse um nível de consciência de si mesmo e do outro, de consciência de liberdade e responsabilidade, enfim, de cidadania.

---

[15] Ballone GJ. *Violência e Saúde*, *in*: PsiqWeb, Internet, disponível em http://gballone.sites.uol.com.br/temas/violen_inde.html

Já pela terceira visão, a biopsicossocial, a causa para a violência é a combinação dos fatores biológico, psicológico e social.

> (...) Essa terceira tendência, biopsicossocial, não atribui à violência um caráter exclusivamente biológico, nem psicológico ou social, mas, sim, uma combinação de todos, com peculiaridades próprias de cada era, cultura ou circunstância.
>
> Há uma complementação dinâmica entre o biológico, o psicológico e o social, de sorte que toda atividade humana acaba repercutindo nas relações sociais, culturais e emocionais, afetando tanto a constituição biológica quanto a consciência humana (...)[16]

Ainda no caso de Jorgeão, se sabemos que o homem que ele matou havia tentado estuprar a sua mulher, o fato fica esclarecido, mas, fazemos questão de enfatizar, não justificado o seu grau de crueldade.

Sendo Jorgeão alguém, de acordo com a tendência biológica, portador de uma violência inerente à espécie humana; um alguém, pela visão social, discriminado socialmente, sentindo-se, e estando de fato, à margem da cidadania, pela tendência biopsicossocial uniu esses fatos à sua auto-estima estilhaçada ao se deparar com um outro que o invade, tentando estuprar a sua mulher, talvez, a única pessoa que ele tivesse e amasse nesta vida.

---

[16] *Ibid.*

4

A VISÃO FREUDIANA PARA A VIOLÊNCIA

O ser humano, tal como qualquer animal da escala zoológica, nasce com a agressividade necessária à sua sobrevivência, que aparece quando precisa defender seu território, lutar pela alimentação, etc. Assim como também nasce com a amorosidade necessária à sua sobrevivência, que aparece quando precisa conquistar uma parceira, defender sua prole, etc. Tanto a agressividade quanto a amorosidade podem ser acentuadas em função de distúrbios da própria pessoa, ou do meio ambiente, manifestando-se de forma destrutiva.

Segundo Freud, para se manter vivo e integrado, o nosso organismo despende uma quantidade de energia que, armazenando um estado de tensão interna, integra e impulsiona para a vida. A esta energia ele chamou de libido.

Freud também concebeu que se todo ser vivo morre, deveria haver, contrária à libido, uma energia que, tendendo à constância e ausência de tensão, desintegraria e impulsionaria o ser vivo na direção da morte. A esta outra qualidade de energia, Freud chamou de *Thanatos*.

Portanto, a libido representaria a força que une – a pulsão de vida, e *thanatos* representaria a força que desintegra – a pulsão de morte.

Partindo da premissa das pulsões de vida e de morte, não fica difícil concluir que, se tão logo nascemos começamos a morrer, durante as nossas vidas, simultaneamente, entram em ação as duas qualidades de energia, estando, em determinados momentos, misturadas e, em outros, lado a lado e, também, distanciando-se uma da outra. A este movimento das duas energias, Freud denominou fusão e defusão das pulsões.

Um outro aspecto importante é que é pela capacidade de pensar que desenvolvemos a cultura.

De acordo com Freud, a passagem da condição de animal para a condição de pessoa humana se faz muito difícil porque temos que incorporar e acatar regras. Em outras palavras, tal passagem implica na criação da cultura, ou seja, na criação de valores e regras que ajustam os relacionamentos da ordem familiar, social e do Estado, o que obriga cada um de nós à renúncia de nossos desejos, a fim de nos adaptarmos às normas para a viabilização da convivência em grupo.

Quantas vezes temos vontade de sair à rua e viver "Um Dia de Fúria" [17], atirando em tudo, colocando toda a nossa raiva para fora; mas, as regras das leis incorporadas e acatadas, enfim, os nossos valores, a nossa condição de ser social, impedem.

Aceitamos esta imposição, segundo Freud, porque, independentemente de nossos desejos, a nossa condição de ser humano nos impõe três sofrimentos: 1) o de ter que lidar com o poder superior da natureza; 2) o de ter que lidar com a fragilidade de nossos corpos; 3) e o de ter que acatar o que a civilização nos impõe, a fim de nos ajustarmos às normas de uma vida em sociedade.

Portanto, a civilização está a serviço não só de proteger o ser humano da natureza, ao criar condições de sobrevivência frente às intempéries naturais, como também de ajustar os relacionamentos,

---

[17] Título em português do filme *Falling Down. Ano de Lançamento(EUA):*1993. *Distribuição:* Warner Bros. *Direção:* Joel Schumacher. Atores: Michael Douglas, Robert Duvall, Barbara Hershey e outros.

de forma, por exemplo, a tentar impedir que, pelo simples desejo de matar, um ser humano mate o outro, diga-se de passagem, como alguns seres humanos fazem com os animais.

> A palavra 'civilização' descreve a soma integral das realizações e regulamentos que distinguem nossas vidas das de nossos antepassados animais, e que servem a dois intuitos, a saber: o de proteger os homens contra a natureza e o de ajustar os seus relacionamentos mútuos[18].

> (...) O elemento de verdade por trás disso tudo, o elemento que as pessoas estão dispostas a repudiar, é que os homens não são criaturas gentis que desejam ser amadas e que, no máximo, podem defender-se quando atacadas (...) Homo homini lupus (O Homem é o lobo do homem – citado de Plauto, Asinaria, II, iv, 88)[19].

Assim, indiscutivelmente, é função do Estado regular os relacionamentos mútuos dos indivíduos.

Inevitável neste momento não pensarmos em como fica o Estado brasileiro com uma Justiça que se mostra tão frouxa na aplicação das suas leis?

O primeiro sentimento que nos vem à mente é o de desproteção frente à violência quando, por exemplo, nos deparamos com a constante corrupção no Estado, seja na esfera municipal, na estadual ou federal.

Faz-se uma violência um dirigente faltar com a verdade de "cara lavada", desrespeitando, de forma cínica, o povo que, direta ou indiretamente, o elegeu.

A Justiça, sempre passível de múltiplas interpretações, se apresenta com muita dificuldade de condenar, principalmente se houver dinheiro para a contratação de um bom advogado.

---

[18] Sigmund FREUD. *Mal-Estar da Civilização.* ESB. p.109.

[19] *Ibid*, p. 133.

Aqueles que residem na cidade do Rio de Janeiro experimentam um constante sentimento de apreensão, de ameaça e desamparo.

Metade dos cariocas deixaria o Rio por medo da violência.

> O desencanto com o Rio, provocado pela violência, começa a ser medido em números. Cinqüenta e um por cento dos cariocas admitem que, se tivessem oportunidade, deixariam a cidade por medo da criminalidade. Este é um dos resultados do levantamento feito pelo Instituto Brasileiro de Pesquisa Social (...) A sensação de insegurança levou 63% dos entrevistados a confirmarem mudanças de hábitos na capital (...)[20].

A bem da verdade, o carioca sai de casa e não sabe se volta, pois a qualquer instante, por um tiro, em qualquer esquina, pode morrer. E mais: o carioca também sabe que a impunidade daquele que pode ser o seu assassino, muitas vezes, é praticamente garantida, devido à grande incapacidade do Estado para regular as relações mútuas!

Retornando a Freud, seriam três as instâncias que regem a psique humana: a instância do ego, do superego e do id.

Quando nascemos, somos apenas id, o "lugar" da pulsão. Pelo contato com o mundo externo, parte do id se transforma em ego, a instância que regula as suas pulsões. Em outras palavras, o ego é a instância que regula os nossos desejos de forma que eles, utilizando uma linguagem popular, não "saiam por aí" sendo realizados.

E o ego age desta forma porque, assim como parte do id se transforma em ego, parte do ego, perante as proibições do mundo externo, se transforma em superego, a instância que representa as leis internalizadas.

Portanto, se o id quer descarregar as pulsões e o superego proíbe, cabe ao ego a tarefa de negociação entre o mundo externo, o id e o

---

[20] *O Globo*. Manchete e texto da primeira página do dia 16 de abril de 2006.

superego, a fim de encontrar uma via de descarga possível que atenda aos três.

> Adverte-nos um provérbio de que não sirvamos a dois senhores ao mesmo tempo. O pobre do ego passa por coisas ainda piores: ele serve a três severos senhores e faz o que pode para harmonizar entre si seus reclamos e exigências. Esses reclamos são sempre divergentes e freqüentemente parecem incompatíveis. Não é para admirar se o ego tantas vezes falha em sua tarefa. Seus três tirânicos senhores são o mundo externo, o superego e o id.[21]

A partir desta dinâmica, vai-se configurando os três princípios que, de acordo com Freud, regem os seres humanos:

> 1. O princípio do Nirvana – representando a possibilidade da ausência de tensão, expressão da pulsão de morte – *Thanatos* (energia de desintegração).
>
> 2. O princípio do Prazer, expressão da pulsão de vida – da libido – *Eros* (energia de ligação).
>
> 3. O princípio da Realidade, representando a influência do mundo externo com seus perigos e suas leis.

Deste modo, nesta negociação, não fica difícil compreender que, para vivermos em comunidade, temos que canalizar nossos desejos e substituir o poder da força bruta pelo poder comunitário. Também se faz exigência primordial da civilização a justiça; ou seja, a garantia de que o indivíduo irá ceder seus impulsos em prol da comunidade, ou como escreveu Freud: "a garantia de que uma lei, uma vez criada, não será violada em favor de um indivíduo"[22]; o que, diga-se de passagem, não é o que tem predominado no meio político brasileiro, no qual as leis acabam sendo violadas em favor de uns poucos indivíduos.

---

[21] Sigmund FREUD. *Conferência XXXI*, VOL.XXII – 1933 (1932), ESB.

[22] *Ibid.*

Portanto, se a civilização não só protege a todos nós da fragilidade de nossos corpos e dos nossos próprios desejos, como também regula as relações mútuas, ela configura-se uma força de vida.

Entretanto, se tudo o que vive um dia morre, na civilização, paralela à força de vida, entra em ação a pulsão de morte. Assim, de fato, o processo da civilização é uma constante luta entre as pulsões de vida e de morte.

Agora não fica difícil compreender que, para sobrevivermos em sociedade, não podemos descarregar no meio a nossa agressividade de forma desenfreada; nós somos obrigados a mantê-la dentro de nós.

O superego[23], a instância proibidora da descarga desenfreada de nossas pulsões, o representante interno das leis, dos limites impostos para ser possível a convivência social, obriga o ego a reprimir, não permitindo a descarga (realização dos desejos) das tendências pulsionais. E é desta forma que a agressividade, através do mecanismo da introjeção, é internalizada, retornando ao seu lugar de origem, ou seja, para dentro de cada um de nós, voltando-se contra o ego, criando um estado de tensão entre o ego e o superego; de tal modo, surgem os sintomas e o sentimento de culpa.

Se a tendência pulsional da libido sofre repressão, surgem os sintomas, como, por exemplo, uma hipocondria; se a tendência pulsional dos componentes agressivos sofre repressão, tem-se o sentimento de culpa[24], provocando um mal-estar interno.

---

[23] Para Freud, o superego tem origem nos valores do meio e no "assassinato do pai da horda primitiva", que não caberia neste momento abordar, visto o objetivo deste livro.

[24] A fim de um esclarecimento, nós não pretendemos discorrer sobre o sentimento de culpa e as conseqüências da civilização para o ser humano na visão de Freud, mas, apenas, possibilitar uma idéia mínima e suficiente para uma melhor compreensão da agressão na visão de Freud e Kohut. Em outras palavras, para nós o importante é que o leitor compreenda que para Freud, por vivermos em civilização, estamos a todo instante vivendo o conflito entre os nossos desejos pulsionais e a impossibilidade de realizá-los. E, ainda, que, perante a falha do ego ao mediar o id, superego e o mundo externo, se manifesta a destrutividade da pulsão de morte.

Concluindo esta visão, mais uma vez nos reportamos ao Estado brasileiro: se a nossa Justiça não viabilizar repressão suficiente aos componentes agressivos de nosso povo, mais particularmente à maioria dos políticos brasileiros, poderá haver cada vez mais corrupção, levando à proliferação da perversão e da destrutividade, associada, cada vez mais, a um menor sentimento de culpa.

5

A INSTITUIÇÃO E A VIOLÊNCIA

Um exemplo de uma instituição em que – pela própria natureza, muitos podem pensar – as pessoas deveriam se relacionar de forma violenta é a manicomial judiciária. Esta instituição abriga para tratamento pessoas que cometeram algum tipo de delito, mas não foram consideradas culpadas e sim doentes mentais; ou seja, abriga pessoas que no ato do delito não foram consideradas responsáveis, mas irresponsáveis, pela insanidade mental.

A título de esclarecimento, se uma pessoa comete um delito estando sã, ela será considerada responsável e condenada, por exemplo, a alguns anos de prisão, ganhando liberdade plena após o cumprimento de sua pena. No entanto, se a pessoa comete um delito estando insana, ela, não sendo considerada responsável, será encaminhada para tratamento em um manicômio judiciário, podendo sair de lá ao receber alta.

Entre 1970 e 1973, Jayme Bisker, um dos autores deste livro, chefiou a clínica psiquiátrica do Manicômio Judiciário Heitor Carrilho, na cidade do Rio de Janeiro. Posteriormente, entre 1973 e 1976, ocupou a direção do mesmo Manicômio Judiciário. E, durante 1980 até meados da década de 1990, ocupou o cargo de supervisor institucional na mesma instituição.

E foi nesta segunda fase, em 1980, que Maria Beatriz Breves Ramos, a outra autora deste livro, ingressou na instituição como estagiária de Psicologia, permanecendo até o ano de 1984, neste tempo já como psicóloga voluntária.

Antes de Jayme Bisker assumir o MJHC, a instituição era dividida em duas sessões psiquiátricas: **Setor Pericial** – no qual psiquiatras forenses realizavam laudos periciais, mas não tratavam os pacientes internados; **Clínica Psiquiátrica** – na qual dois psiquiatras e duas assistentes sociais atendiam a 180 pacientes internados.

Como é comum no sistema penal, alguns poucos pacientes trabalhavam com faxinas, ficando a grande maioria ociosa, deitada na cama ou até mesmo no chão.

As brigas se faziam rotineiras, chegando ao extremo de se ferirem ou até se matarem. Isto sem falar de freqüentes estupros, principalmente de pacientes novatos na casa; ou quando os mais antigos faziam dos mais frágeis seus parceiros submissos sexualmente.

Quando era cometido algum tipo de indisciplina, o indisciplinado era isolado, por vários dias, em cela própria para este fim.

Do ponto de vista do tratamento, o índice de cronificação, a maioria de esquizofrênicos, era muito alto, havendo muito pouco diálogo entre eles. A bem da verdade, estes pacientes acabavam sendo dominados pela minoria de internados portadores de personalidades psicopáticas, isto é, internados portadores de distúrbios de caráter não-psicóticos, que deveriam estar em outro estabelecimento prisional.

Entendendo que se faz necessário um meio ambiente estruturado a fim de viabilizar o desenvolvimento da psique, a primeira atitude de Jayme Bisker foi a de tentar criar este ambiente. E, assim, abriram-se vagas para estagiários de Psiquiatria, de Psicologia e de Serviço Social.

Os 180 pacientes internados foram divididos em seis grupos de 30. Cada um era coordenado por uma miniequipe multidisciplinar, ou seja, um médico, um psicólogo e um assistente social que, ainda com o apoio de um advogado, se reuniam, uma vez por semana, com cada grupo de paciente.

Cada grupo discutia livremente o seu dia-a-dia, os relacionamentos entre eles, as questões institucionais, etc. e elegia um ou dois pacientes como representantes, que tinham por função levar as reivindicações, propostas de mudanças, etc. dos demais pacientes para uma reunião geral com toda a equipe técnica, os agentes penitenciários e a administração.

A vida intramuros tornou-se mais alegre, mais próxima da realidade social extra-muros. Havia confraternização de festas de Natal, Junina, etc. com a presença do diretor, da esposa do diretor, familiares dos membros da equipe, etc., sendo que todas as atividades eram elaboradas pelos pacientes sob a supervisão da equipe técnica. Conseqüentemente, os pacientes passaram a ter um papel ativo na comunidade intramuros.

O trabalho era estimulado. A cantina passou a ser gerenciada pelos próprios pacientes e a renda utilizada em benefício da comunidade intramuros.

Pacientes, antes, totalmente segregados, mesmo dentro da comunidade intramuros – ou seja, pessoas que permaneciam na cama dia e noite –, passaram a ser estimulados a participar da vida comunitária. Um cuidava do outro e assim iam, pouco a pouco, se tratando, desenvolvendo o respeito mútuo, enfim, o espírito coletivo.

Como um exemplo do quanto esta dinâmica impunha responsabilidade e respeito mútuo, lembramos o caso de José.

Certa vez José falou no grupo que estava internado há mais de 20 anos e que nunca havia recebido uma visita de sua família.

Mário, que já saía semanalmente, sendo preparado para ter alta, ouvindo a história de seu companheiro, se comoveu e resolveu procurar a família de José, tomando como ponto de partida o endereço do qual ele ainda se lembrava.

E qual foi a surpresa de todos, quando Mário localizou a família de seu amigo e, mais, descobriu que a família de José pensava que ele havia morrido. Poucos meses depois, José teve alta, retornando ao convívio de sua família.

Durante a primeira etapa deste trabalho, devido à campanha de alfabetização que ocorria no Brasil inteiro, o Mobral foi introduzido na instituição, com a formação de uma turma de pessoas analfabetas e semi-analfabetas. Foi curioso observar que não somente houve a possibilidade de alguns aprenderem a ler, como de outros recuperarem a capacidade, aparentemente perdida, de escrever, pois se encontravam há anos alheios ao mundo.

Foi possível constatar que, enquanto o trabalho ocorreu, regulou as relações mútuas da comunidade intramuros e, conseqüentemente, levou o índice de agressões a um número muito baixo, a ponto de ser possível uma estagiária de Psicologia permanecer com apenas um agente penitenciário, no pátio da instituição, no meio de 180 homens tidos como doentes mentais perigosos, sem qualquer risco, demonstrando que as pessoas desta instituição não necessariamente se relacionam de forma violenta. Antes, isto era impossível.

Infelizmente, um trabalho deste porte não vinga em nosso país. A cada mudança de governo, muda-se a direção, muda-se a chefia, muda-se o interesse, etc., etc., etc.; e, pouco a pouco, o trabalho vai sendo destruído. Mais impressionante ainda é constatar que, junto com as mudanças, se extinguem os registros, ou seja, a memória institucional.

Algumas perguntas precisam ser feitas:

1. A quem interessa um povo sem memória?

2. A quem está interessando a manutenção da violência?

3. A quem estão beneficiando tantos ataques, roubos, mortes, corrupção, etc.?

É um fato que o Estado rotineiramente não investe em trabalhos deste tipo, ou seja, em trabalhos que implantam a possibilidade de regular as relações mútuas e possibilitar o resgate da dignidade da cidadania. Ao contrário, o Estado estimula, pela sua omissão, a superpopulação, o uso da força, o ócio, etc., levando as instituições a se tornarem verdadeiras fábricas de violências.

E é importante dizer que isto não diz respeito somente às instituições penais. Isto acontece, também, nas instituições de educação e saúde, como um reflexo da política educacional e de saúde brasileira. Em vez de serem instituições educacionais e curativas, na verdade, perpetuam a violência, a agressividade e a destrutividade, através da grande mentira que é a maioria das escolas públicas brasileiras e do estelionato que é a maioria dos hospitais públicos neste país.

Dizemos que a escola pública brasileira é uma grande mentira porque ela finge que ensina, enganando muitos alunos. A maioria das escolas públicas do Rio de Janeiro, por exemplo, resolve o problema da repetência proibindo o professor de repetir um aluno de série.

E no resto do país também não se faz muito diferente: "Brasil fica em 126º no ranking de repetência escolar (...) fica atrás até do Haiti"[25]. Isto sem falar das condições humilhantes em que os profissionais de educação trabalham, recebendo parcos salários que os remetem à condição de escravos.

Dizemos que o hospital público brasileiro é um grande estelionatário porque rouba o direito da pessoa a um tratamento digno, quando, por

[25] *O Globo*, O País, 26 de abril de 2006, p. 13.

exemplo, o Estado do Rio de Janeiro cria as farmácias de R$1,00 (um Real), induzindo o cidadão a comprar feliz o remédio que deveria estar recebendo gratuitamente nas farmácias dos ambulatórios dos hospitais públicos, bastante desprovidas de medicamentos. Ou seja, o Estado, que deveria fornecer medicamentos gratuitos, esvazia as suas farmácias e vende os remédios ao preço de R$1,00 (um Real) em farmácias que chama de populares.

E no resto do país também não se faz muito diferente, principalmente pelas condições sub-humanas em que se encontra a maioria dos hospitais públicos brasileiros e pelo salário insignificante dos profissionais de saúde que, assim como o dos profissionais de educação, os remete à escravidão.

Enfim, impedir a cidadania, o acesso ao conhecimento e à saúde, em nosso ponto de vista, é com certeza uma violência muito maior do que a que nós encontramos um dia dentro do Manicômio Judiciário.

6

FREUD E KOHUT – VISÕES COMPLEMENTARES

Quantas pessoas são infelizes por não terem alcançado o que gostariam de ser na vida. É aquele que poderia ter sido um escritor, mas nunca escreveu, ou o que poderia ter sido um médico, mas nunca estudou, ou mesmo um motorista de ônibus, mas nunca se habilitou. Enfim, quantas pessoas existem que não realizaram o seu potencial, sentindo-se infelizes e humilhadas diante de si e da vida, que, ao se olharem em um espelho, não refletem alegria de viver, e sim o sofrimento do sentimento de vazio e frustração.

Por outro lado, quantas vivem suas vidas não sabendo se fazem isto ou aquilo, experimentando uma aflição, uma inquietude interna, uma grande ansiedade, não conseguindo se direcionar no sentido de uma realização. Há, ainda, as que vivem "cheias" de conflitos internos, mas são felizes em suas realizações. E outras bem casadas, com um bom emprego, uma vida social ativa, mas que não se sentem realizadas, muito pelo contrário, se sentem infelizes naquilo que possuem e fazem.

Para Kohut, lado a lado, o ser humano vivencia o princípio da complementaridade:

- a psicologia do homem culpado, que trata do conflito entre a realização do desejo de suas pulsões e as proibições impostas pela civilização (visão freudiana);

- e a psicologia do homem trágico, que trata da tragédia do ser humano que não pode desenvolver seus talentos e habilidades, tornando-se uma pessoa infeliz (visão kohutiana).

Assim, no contexto do homem culpado estaria presente a compreensão da psicanálise freudiana, por possuir um entendimento do indivíduo como um ser que a todo instante está vivenciando conflitos. Seria, por exemplo, aquela pessoa que, em nível manifesto[26], não consegue se decidir na vida, experimenta grandes ansiedades, sintomas fóbicos, etc.

Em contrapartida, no contexto do homem trágico estaria presente a psicanálise do self, por possuir um entendimento do indivíduo como um ser que possui, desde o seu nascimento, um potencial genético a realizar, ou melhor, um dom, ou mais de um dom, para desenvolver durante a vida; e que se assim fica impedido, vivencia uma tragédia do que poderia ter realizado, mas não realizou, tornando-se um ser infeliz. Seria aquela pessoa que, por exemplo, não conseguindo realizar os seus potenciais e talentos, experimenta um sentimento de vazio, uma incapacidade para sentir alegria de viver.

Enfim, enquanto a psicanálise desenvolvida por Freud aborda as pulsões e suas vicissitudes, os desejos e as proibições e, mais, posiciona o conflito edípico como o conflito principal das neuroses, a visão complementar para a psicanálise desenvolvida por Kohut aborda a não realização dos talentos e habilidades, as falhas narcísicas e, no nível do exibicionismo e idealização, o sentimento de angústia e de fragmentação.

Para que fique mais claro, citaremos o exemplo de uma mulher de, aproximadamente, 50 anos, que se sentia infeliz e não realizada na vida, e que nos foi encaminhada por um médico devido a uma doença que vinha desenvolvendo, e que, inclusive, a fez se aposentar.

---

[26] Importante salientar que quando falamos de psicanálise e desejos, estamos nos referindo a desejos inconscientes que geram o sentimento de culpa e que podem se manifestar através de diversas psicopatologias.

Esta mulher era virgem, não tinha amigos e sua vida limitava-se aos cuidados com seus pais idosos.

Tendo sido tratada em psicoterapia de grupo em uma instituição pública, ela pôde se dar conta do grau de violência que ela mesma se impunha ao viver aquela vida solitária e infeliz.

Decidida a melhorar, conseguiu, aos poucos, ir se modificando. Foi se desenvolvendo na esfera social, fazendo amizades, passando a sair e a se divertir. Antes da psicoterapia, ela não sorria; depois, não só passou a sorrir, como a sentir alegria de viver.

O tratamento não abordou o seu conflito sexual, até porque, em todas as vezes que tentamos, ela dizia que não queria mexer neste aspecto, o que foi respeitado por todo o grupo terapêutico.

Fica claro que se, por um lado, esta mulher vivia o conflito da sexualidade, por outro, vivia a não realização de seus potenciais e talentos. Sendo tratada, manteve-se com o conflito, mas adquiriu a alegria de viver.

Para Kohut, o outro, quando investido de libido narcísica, teria função estruturante para o self (eu) e, sendo assim, foi chamado por Kohut de selfobjeto[27]. De forma simplificada, o outro como selfobjeto é aquela pessoa (ou objeto) de quem precisamos emocionalmente.

Portanto, se o selfobjeto[28] tem função estruturante para o self, o indivíduo precisaria de selfobjetos durante toda a vida.

---

[27] Na visão de Kohut, de forma independente as duas libidos seguiriam seu próprio desenvolvimento, sendo que a libido narcísica se transformaria em empatia, senso de humor, criatividade, capacidade para aceitar a finitude do self e sabedoria.

[28] Uma das dificuldades enfrentadas quando se abordam os problemas teóricos do narcisismo - uma dificuldade que até agora tem se tornado maior do que a confusão antes generalizada entre a catexia do self e a catexia das funções de ego - é a suposição freqüente de que a existência de relações objetais exclui o narcisismo. Pelo contrário, (...) algumas das mais intensas experiências narcísicas relacionam-se a objetos; isto é, objetos que são usados a serviço do self e da manutenção de seu investimento instintivo, ou objetos que são, eles próprios, vivenciados como parte do self. Referir-me-ei a estes últimos como selfobjetos - Heinz KOHUT, *Análise do Self*, pp. 13-14.

Quem de nós pode dizer que não precisa do outro? O que pode variar é, naturalmente, o grau de necessidade que precisamos do outro.

Quando bebês, precisamos do outro totalmente, a ponto de, se não houver quem nos cuide, morrermos. Neste período, por termos apenas rudimentos de self, precisamos do selfobjeto para, inclusive, regular nossos impulsos agressivos e amorosos.

Isto é fácil de observar na educação de crianças. Nós sabemos que uma das funções paternas é a de colocar limites no filho. Se os pais falham nesta função, a criança poderá se tornar, devido a uma falha na estrutura de self, um adulto incapaz de regular seus impulsos amorosos e destrutivos, tornando-se uma pessoa violenta.

Portanto, se a necessidade do outro se mantiver neste nível mesmo depois de adulto, ou seja, aproveitando o exemplo anterior, se mesmo depois de adulto a pessoa ainda precisar de um alguém para que possa ser capaz de regular os seus impulsos amorosos e destrutivos, tal qual uma criança, está configurada uma patologia narcísica.

Um exemplo mais corriqueiro é o de pessoas que dizem que se o namorado, esposa, etc. sair de sua vida, elas morrem; e, às vezes, morrem mesmo; e, se não morrem, adoecem seriamente.

Assim, uma das características da saúde mental, na visão de Kohut, seria a capacidade do indivíduo para trocar selfobjetos arcaicos (dos primeiros anos da infância) por selfobjetos maduros. Dizendo de forma mais simples, diminuir o grau de necessidade do outro.

Se Freud colocou, como já vimos, em número de três os sofrimentos básicos do ser humano, Kohut colocou em número de três as necessidades básicas do ser humano:

1. A necessidade de sentir-se amparado.
2. A necessidade de sentir-se admirado.
3. A necessidade de sentir-se em semelhança com o outro.

Podemos, fazendo uma correlação entre as três necessidades e os três sofrimentos básicos humanos, dizer que:

1. A necessidade de sentir-nos amparados surge do sofrimento humano frente ao poder superior da natureza, deixando-nos com o sentimento de extrema fragilidade.

2. A necessidade de sentir-nos admirados surge do sofrimento humano frente à fragilidade de nossos corpos, deixando-nos com o sentimento de extrema impotência e baixa auto-estima.

3. A necessidade de sentir-nos em semelhança com o outro, pertencendo a um grupo, surge do sofrimento de termos que renunciar ao que a civilização nos impõe enquanto humanos, a fim de nos ajustar às normas de uma vida em sociedade.

Se pensarmos em nível da experiência do dia-a-dia, quem nunca temeu o mistério do universo, a força da natureza, etc.? A todo instante vemos surgir novas religiões, seitas, etc. no sentido de tentarem explicar o mistério e a força da natureza como um todo.

Tentando explicar a natureza humana, o ser humano foi até descrito como sendo a imagem e semelhança de Deus! E não seria esta uma máxima no sentido de nos fortalecer frente ao poder superior da natureza? Ora, se somos a imagem e semelhança de quem criou a força, por que temer?

Por outro lado, quem de nós nunca se sentiu tão fragilizado, impotente, precisando que alguém o valorizasse para que pudesse, mesmo que minimamente, se sentir mais forte?

A todo instante vemos *slogans* como "seja forte usando isto...", "seja bonito fazendo aquilo...", "torne-se alguém de sucesso realizando aquilo outro...", etc. Essas propagandas, no intuito de vender, tentam atingir um dos pontos vulneráveis do ser humano, ou seja, o da necessidade de se sentir valorizado e admirado.

E, ainda, quem de nós não precisa estar, a fim de não se sentir um "ET", integrado a algum sistema de regras e normas, enfim, sentindo-se, em nível de identidade pessoal, pertencer a algum grupo e/ou a algum lugar?

A todo instante vemos pessoas tentando ingressar em grupos organizados, seja de lazer, seja de trabalho. Isto, sem falar do grupo familiar e do sofrimento da famosa "ovelha negra da família" ou do "patinho feio", e até da necessidade de se reintegrar à Sociedade indivíduos que se marginalizaram, descumprindo as regras.

E este é um outro aspecto em que se diferenciam Kohut e Freud. Enquanto Freud dá ênfase ao fato de a civilização impor sofrimento ao ser humano pelo que o obriga a abrir mão, Kohut dá ênfase ao fato de a civilização funcionar como um selfobjeto estruturante para o indivíduo, ou seja, como um apoiador emocional.

> (...) Escutam-se os sons familiares da própria língua (...) da música nacional. (...) as vozes daqueles que se conhece. Reconhecem-se os hábitos daqueles que se vê. É-se nutrido pela arte, pela filosofia, pela liderança política daqueles que se idealiza. (...) A ausência de todo esse arcabouço apoiador da linguagem, da arte, da música e das tradições de todas as espécies leva àqueles problemas de desintegração que Freud considerava serem a essência do homem (...)[29]

Baseados em tudo o que dissemos até este ponto, podemos, resumidamente, concluir que enquanto para Freud a violência é uma expressão da pulsão de morte, para Kohut é conseqüência de falhas nos relacionamentos que, levando o Eu a se fragmentar, como se fosse pedaços de cacos de vidro, fazem com que o Eu seja capaz de ferir ou de se ferir.

---

[29] Heinz KOHUT. *A Psicologia do Self e a Cultura Humana*, pp.228-229.

Mas, como uma observação, os mesmos cacos de vidro podem compor, de forma estruturada, um belíssimo mosaico incapaz de ferir. Tal qual, na visão de Kohut, um self estruturado não manifestaria violência.

E, por fim, mais uma questão que não podemos deixar de citar é a de ser comum a idéia da psicanálise com um divã e um analista que não fala praticamente nada! Sem dúvida, o divã permanece, apesar de não haver mais tanta rigidez na exigência do deitar. Entretanto, a técnica do analista mudo, praticamente, está extinta.

Há muitos anos, a qualidade de vida era outra. As mães não trabalhavam fora e, muitas vezes, moravam com irmãs, pais, avós, etc. Logo, o adulto tratado por Freud foi uma criança hiperestimulada na sua individualidade pelos adultos ao seu redor. Eram crianças a todo instante assistidas pelas tias, avós, mães, babás, etc. Portanto, elas tinham estimulada a sexualidade nascente, ao mesmo tempo que, pela educação rígida da época, a sexualidade era reprimida.

Pessoas tão estimuladas e tão reprimidas acabavam por desenvolver neuroses fóbicas, histéricas e obsessivas. E não fica difícil perceber que aquele adulto precisaria de uma análise na qual fosse hipoestimulado. A conseqüência foi o desenvolvimento de uma técnica que pedia à pessoa para se deitar e que, de olhos fechados, deixasse o pensamento fluir livremente; o psicanalista, por detrás e silencioso, interferia o menos possível, permitindo, assim, virem à tona os desejos e os conflitos recalcados de seu paciente.

Nos dias de hoje, tanto o pai quanto a mãe trabalham fora; por vezes, quando saem e quando voltam, a criança, já dormindo, não os vê; e isto depois de passar o dia sendo cuidada por babá, geralmente de alta rotatividade, creches, etc.

Logo, o adulto de hoje foi uma criança hipoestimulada na sua individualidade. Foram crianças que, a todo instante se vendo só, não tinham um alguém para lhes fazer elogios, para estabelecer o contato físico de um abraço ou de um colo acolhedor.

Pessoas tão pouco estimuladas acabam por experimentar sentimentos de vazio e fragmentação. A conseqüência é o desenvolvimento de uma técnica na qual o analista se posiciona mais ativo, mais participante; mas, é importante que se frise, sem invadir ou misturar a sua vida com a vida de seu paciente. O analista, mesmo mais ativo, não pode perder de vista que o seu objetivo naquela relação é a psicoterapia de seu paciente, ou seja, ser ativo não é dar conselho, sugerir, etc.; é apenas se fazer humanamente mais presente.

Se pensarmos nas mudanças ocorridas no mundo nestes últimos cem anos, pode ser considerado uma violência o fato de alguns profissionais, pensando estar praticando psicanálise, tentarem enquadrar seus pacientes em uma técnica construída no início do século XX, valendo-se de chavões psicanalíticos, etc.

Temos notícias, não sabemos até que ponto verdadeiras, de que há um grupo propondo formação psicanalítica com encontros uma vez por mês, durante um ano. Sem falar do que propõe formação psicanalítica pelo correio.

Psicanálise – sua teoria e técnica – é coisa muito séria. É o estudo de diversos teóricos e suas técnicas psicanalíticas. E mais: é o sofrimento do outro que está em questão.

Portanto, para quem pretende receber formação ou mesmo ajuda psicanalítica, é muito importante obter informações de onde ou a quem se dirigir.

E mesmo que o profissional seja competente, faz-se fundamental que haja empatia, ou seja, que se estabeleça uma relação de compreensão e entendimento, e, assim, se adquira a condição mínima para que uma relação analítica tenha chance de evoluir de forma satisfatória.

7

A BASE DA ESTRUTURA DE SELF

Antes de prosseguirmos, vamos, a fim de evidenciar alguns conceitos e seus significados, relembrar que:

1. o selfobjeto – mãe ou quem exerce a função de cuidar (substituto) – desempenha as funções impossíveis para um bebê, funcionando como apoiador do self (eu) ainda rudimentar do bebê;

2. ao se fusionar com a mãe ou substituto, que o bebê experimenta como onipotente, ele se sentirá amparado e em segurança, e a esta mãe ou substituto chamamos de selfobjeto idealizado;

3. ao sentir admiração na expressão da mãe ou substituto, que o bebê experimenta como onipotente, ele se sentirá aceito e valorizado. A esta mãe ou substituto nesta função chamamos de selfobjeto especular e é ele que irá viabilizar a qualidade do self grandioso, ou seja, do que determina o nível da auto-estima do bebê;

4. ao sentir semelhança com a mãe ou substituto, que o bebê experimenta como onipotente, ele se sentirá pertencendo ao contexto humano, sentindo-se compreendido e podendo compreender. À mãe ou substituto chamamos de selfobjeto gemelar.

Um aspecto importante do campo psicológico é que somos guiados por nossos ideais e impulsionados por nossas ambições. Assim, Kohut propôs um modelo do self que chamou de bipolar: o pólo dos ideais é representado pela Imago Parental Idealizada frente à necessidade básica de nos sentirmos amparados, e o pólo das ambições é representado pelo self grandioso frente à necessidade básica de nos sentirmos amados e valorizados.

Quem de nós não quis ser como o pai, a mãe ou um ídolo quando crescesse, ao mesmo tempo que sentia uma plenitude e bem-estar pela possibilidade de ser como eles?

E é assim, nessa relação de idealização e desidealização associada ao sentimento de plenitude e frustração, que um bebê vai, pouco a pouco, desidealizando, transformando o selfobjeto em estrutura própria e, portanto, desenvolvendo saúde mental ou patologia psíquica.

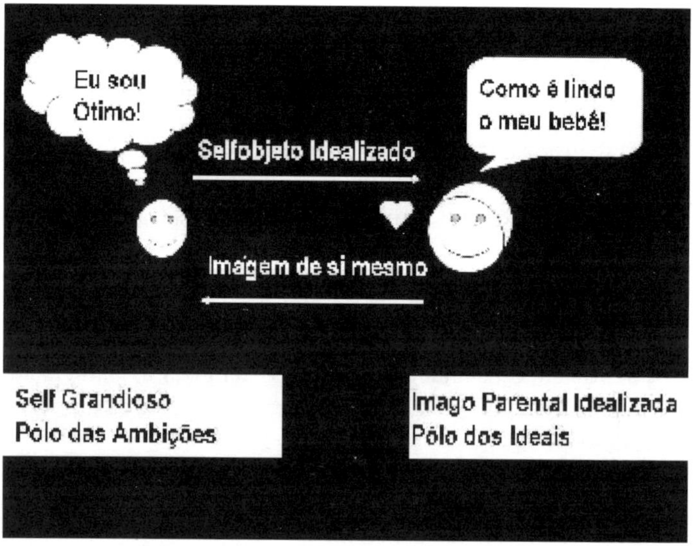

Segundo Kohut, são as experiências amorosas e de frustrações que, vivenciadas dia-a-dia, na relação do self grandioso com o selfobjeto idealizado, vão estruturando o self. Por exemplo, nos dias em que os pais necessitaram de se ausentar, nos dias em que a comida atrasou, enfim, nos dias em que não se pôde atender alguma outra necessidade qualquer, etc.

Certa vez entrevistamos uma adolescente de 14 anos, que chegou com a queixa de que se sentia muito feia devido a uma cicatriz que possuía na testa. A situação era tão inusitada – já que a adolescente não era psicótica e nela não se notava qualquer cicatriz – que, demonstrando muita surpresa, a psicóloga perguntou:

– Que cicatriz?!

Mais surpresa ainda, pelo fato de a psicóloga não estar vendo a cicatriz, ela retrucou:

– Esta que eu tenho na testa!

Pois bem, Janete foi para casa, se olhou ao espelho e, com um novo olhar, constatou que não havia nenhuma cicatriz, salvo por uma leve marca, imperceptível se não fosse olhada muito de perto e de forma pontual.

Perplexa, por ter sofrido durante muitos anos por uma cicatriz que não existia, comentou com a sua mãe e descobriu que, quando pequena, houvera, de fato, uma marca em sua testa, conseqüência de um machucado que deixava a todos da família muito angustiados, por não saberem se sumiria.

Se houver falha por parte do selfobjeto na assistência ao bebê no nível da aceitação e valorização, a pessoa poderá desenvolver uma patologia na esfera do exibicionismo.

E foi desta forma, na experiência do dia-a-dia, que o olhar das pessoas para o machucado em sua testa, provavelmente espelhando a não-admiração, fez marcar uma cicatriz emocional muito maior do que de fato era a cicatriz em sua testa quando pequena. Assim, Janete permaneceu com uma ferida narcísica no self e um sentimento de valor precário devido a um self grandioso incapaz de proporcionar um sentimento de força interna, o que prejudicou a sua auto-estima e exibicionismo. A conseqüência é que não conseguia pensar em namorar, não possuía amizades e, vivendo extremamente solitária, sentia-se infeliz.

De outra feita, se houver falha por parte do selfobjeto na assistência ao bebê no nível da segurança e amparo, a pessoa poderá desenvolver uma patologia na esfera da segurança.

E teria sido por uma falha na sua relação com a sua Imago Parental Idealizada – seus pais, que, devido ao temor de que aquela marca não sumisse, espelharam angústia e desamparo – que Janete não conseguiu desenvolver dentro de si um sentimento de tranqüilidade para lidar com os momentos difíceis da vida, tornando-se uma moça que começava a falhar na escola, a apresentar irritabilidade frente a uma mínima frustração, etc.

Faz-se importante entender que na vida, a todo instante, estamos atualizando a nossa compreensão de nós mesmos e do outro. Janete, impossibilitada de atualizar aquela situação, ainda se via com os olhos com que seus pais a viam quando pequena, ou seja, olhos de angústia, não-admiração e desamparo. Com o olhar da psicóloga, pôde atualizar a situação e, retomando a sua auto-estima em um nível bom, passou a se olhar como uma moça bonita e de valor.

E, ainda, se os selfobjetos não conseguirem assistir de forma empática o bebê, ele poderá desenvolver a patologia da estranheza, do não-pertencimento. São aquelas pessoas que se sentem uns "ETs", patinhos feios, enfim, estranhas e que ficam impossibilitadas de se integrar a um grupo e realizar-se em seus potenciais e talentos.

Janete chegou a sentir-se um patinho feio, um "ET" no mundo. Sentia-se marcada pela solidão, com dificuldades de se entrosar em grupos, levando uma vida muito só!

Enfim, a relação self-selfobjeto (Janete e seus pais) promoveu em Janete uma representação de si mesma denegrida, portanto, destrutiva. Se não fosse pela busca de análise e a possibilidade de um novo olhar, as conseqüências na vida de Janete, devido ao seu sofrimento, poderiam ter sido cada vez mais graves. Ela poderia, aumentando o seu isolamento, ter vivido cada dia mais infeliz, sem ser capaz de realizar os seus potenciais e talentos.

8

A IMPORTÂNCIA DA MÃE EMPÁTICA

Enquanto feto, se está protegido por toda condição intra-uterina. Mas após o nascimento, o bebê de pronto necessita realizar um esforço para respirar e um esforço para se alimentar; isto sem falar que começa a sentir calor, frio, fome, dor, prazer, etc.

Emocionalmente, no início o bebê é totalmente fusionado com a mãe, ou seja, não há distinção entre o eu e o outro. Tão logo surge a primeira experiência de separação, como, por exemplo, a da fome, pois no útero ele não conhecia esta sensação, o bebê começa a compensar esta frustração criando a estrutura de selfobjeto idealizado.

Normalmente, os pais idealizados têm por função – na expectativa do bebê – suprir todas as suas necessidades.

Assim, se o bebê sentir fome, do ponto de vista do bebê, a mãe[30] falhou, mas uma falha que se reparada em pouco tempo, saciando a fome, a mãe, cumprindo em parte a sua função, permanece idealizada, ainda que um pouco menos. E é bom que isto aconteça, pois é através deste processo que o bebê vai, pouco a pouco, desidealizando o selfobjeto idealizado mãe.

O bebê inicialmente reveste a mãe com libido narcísica e a vivência, não como tu (dele separado e diferenciado), mas dentro de

[30] Ao dizermos mãe, estamos falando de qualquer pessoa que cuide e, portanto, assuma a função de selfobjeto.

uma visão do mundo pela qual a diferenciação eu-tu ainda não foi estabelecida. Mãe e bebê – na mente do bebê – constituem uma unidade. A este tipo de relação objetal Kohut denominou relação self-selfobjetal[31].

Naturalmente que nada disto é pensado, mas experimentado e, portanto, fazendo-se uma etapa muito marcante, pois é vivenciada, ou seja, no nível das sensações e sentimentos vivenciados a partir da relação com o outro.

Vamos imaginar, em três situações comuns, três bebês: Sandro, Mário e Rodrigo.

A mãe de Sandro a todo instante se faz presente e tenta suprir todas as suas necessidades. Chega ao exagero de se colocar de prontidão, para, assim que ele abrir os olhos, estar lá para alimentá-lo, pois entra em pânico com a idéia do seu filho sentir fome. Também por qualquer choro de Sandro, ela telefona para o pediatra, por pensar que ele pode estar passando mal. Isto sem falar na quantidade de vezes que vai até o berço para se certificar de que o seu filho está respirando.

Por sua vez, a mãe de Mário, ao contrário, nunca se faz presente. Não amamenta no peito, alegando não ter paciência e nem tempo para tal. Contratou uma babá e, de fato, só se importa se Mário chorar muito por causa da irritação que sente ao escutar um choro de bebê.

E, diferente de Sandro e Mário, Rodrigo possui uma mãe que se faz presente, tendo tranqüilidade ao se relacionar com ele. Ela o amamenta e, atenta as suas necessidades, observa se ao acordar ele quer brincar, se precisa ter a fralda trocada, se está com cólica, etc., sem, no entanto, ficar "de prontidão".

---

[31] Inaura CARNEIRO LEÃO. A Teoria Selfobjeto e as Transferências Narcísicas. *In*: Ramos, M.B.B. *Uma Introdução à Psicologia Psicanalítica do Self* – A teoria de Heinz Kohut desde as suas origens em Sigmund Freud, p.70.

Destas três relações, não fica difícil deduzir que a mãe mais empática, a que melhor vê o filho, é a mãe de Rodrigo.

Até porque é importante que a criança sinta uma qualidade de frustração, a fim de se desenvolver. O que a mãe de Sandro tenta não permitir que ele experimente, fazendo-se superprotetora, e o que a mãe de Mário promove exageradamente pela sua ausência, pois a frustração que ele vive estaria muito além da que, normalmente, um bebê seria capaz de suportar.

Nos três bebês hipotéticos, Rodrigo deverá ser o único a sentir alegria de viver, pois, se a falha de sua mãe ou substituto (selfobjeto) for de acordo com a capacidade de suportar do bebê, ele vai, pouco a pouco, formando sua própria estrutura de self, experimentando o sentimento de valor de si mesmo, ou seja, de self grandioso que irá regulando a sua auto-estima.

Como um pequeno parêntese, haveria uma chance para Mário. Se a sua babá for uma pessoa afetuosa, atenta às necessidades dele, ela poderia exercer a função de selfobjeto e ajudá-lo na estruturação de seu self.

Podemos prever que, com o passar dos meses, a mãe de Sandro vai, com a sua ansiedade, cada vez menos ver as necessidades do filho, até porque ela nem permite que as mesmas apareçam; a mãe de Mário, cada vez mais, com sua insatisfação, vai desprezando aquele ser que ali se desenvolve, não demonstrando nenhuma alegria e admiração por sua existência; e a mãe de Rodrigo vai, a cada gracinha que seu filho faz, cultivando uma admiração cada vez maior por ele.

Sandro e Mário, provavelmente, se farão bebês sofridos, chorões, adoecidos, agressivos, etc. Já Rodrigo deverá, pouco a pouco, ir internalizando a admiração de sua mãe, adquirindo confiança, sem receio de se exibir para ser aplaudido. E isto porque ao passar por frustrações ótimas[32], ou seja, por frustrações que estão de acordo com a sua capacidade maturacional, pode, pouco a pouco, ir formando estrutura. Os outros dois, impossibilitados desta transformação, permanecerão, mesmo depois de crescidos, com o sentimento de serem pequeninos, necessitando de figuras onipotentes ao longo das suas vidas, ou se transformando, por ação reativa, nestas figuras, a fim de se sentirem amparados e protegidos.

Como um alerta, faz-se totalmente equivocada a idéia do exibicionismo como uma patologia. Muito pelo contrário, faz-se uma necessidade humana a pessoa ser admirada e aplaudida. Vimos no exemplo de Janete as conseqüências de ela se sentir feia e não admirada.

Por outro lado, naturalmente, uma pessoa com uma boa auto-estima poderá suportar uma crítica, ou melhor, irá suportar a frustração de não ser gostada e/ou admirada por alguma coisa que seja ou faça, e tentará, se for possível, melhorar[33].

Portanto, faz-se fundamental uma acolhida empática do bebê, um "bem-vindo ao mundo", para que ele possa desenvolver uma estrutura de self, por parte dos pais ou substitutos (selfobjetos). Caso contrário, um "malvindo ao mundo" pode desenvolver pessoas com uma auto-estima muito baixa, com pouca estrutura de self e sérias patologias narcísicas.

---

[32] Esta transformação se dá a partir do que Kohut chamou de internalização transmutadora, ou seja, uma transformação que vai transformando o selfobjeto internalizado em estrutura de self.

[33] Se a pessoa não sentir desta forma, se frente a uma crítica a pessoa experimentar um acesso de raiva, ou seja, um acesso de fúria narcísica, ela estará demonstrando uma falha narcísica do self grandioso exibicionista.

9

MALVINDO AO MUNDO

Martinha era filha de pais que brigavam diariamente. Eles não se amavam mais e a última coisa que gostariam de ter tido, naquele momento, era uma filha, mas ela aconteceu e a mãe se recusou a abortar, pela culpa que sentiria.

Os pais de Martinha não puderam separar a condição de pai e mãe da de marido e mulher.

O seu pai a olhava com desprezo, pois sempre que a olhava via a sua mulher, que, naquele momento, dizia odiar.

A sua mãe a olhava com raiva, pois sempre que a olhava via o seu marido, que, naquele momento, ela dizia desprezar.

Cuidar de Martinha, amá-la, dar a atenção necessária a um bebê, por parte destes pais, nem pensar. Com os pais separados, Martinha morava com a mãe, ficando o dia inteiro com uma senhora de 80 anos, madrasta de sua mãe, que dela cuidava, minimamente, pelo menos em suas necessidades orgânicas de fome e sede. Quanto às necessidades psicológicas, mesmo que ela quisesse, era difícil, pois não tinha nem muita força física para cuidar daquele bebê.

Kohut "compara a importância do selfobjeto (mãe ou substituto) para a sobrevivência emocional da criança com a importância do oxigênio para a sobrevivência biológica do indivíduo" [34], demonstrando

[34] Maria Beatriz Bramos RAMOS. *Introdução à Psicologia Psicanalítica do Self.* p. 45.

que tal qual necessitamos de oxigênio para respirar e nos desenvolver organicamente, precisamos de selfobjetos para nos desenvolver psicologicamente. E Martinha não estava tendo selfobjetos empáticos que lhe oferecessem acolhimento afetivo empático para o seu desenvolvimento psicológico.

Assim, ao invés de frustrações ótimas, Martinha estaria experimentando frustrações traumáticas, ou seja, além da sua capacidade de suportar, frustrações que um bebê ainda não estaria preparado para vivenciar, podendo, em conseqüência, gerar disfunções fisiológicas e/ou psíquicas, até mesmo irreversíveis.

A criança malvinda ao mundo terá dificuldade de internalizar as qualidades de amparo e proteção de seus pais, pois não viverá estas experiências, tal qual, também, terá dificuldade de internalizar um sentimento de valor de si mesma, self grandioso, por não experimentar alguém feliz por sua existência.

O resultado provável é a pessoa com um sentimento de vazio que muitas vezes se compensa com um sentimento de grandiosidade ou uma idealização exagerada e distorcida, como, por exemplo, a do fanatismo religioso.

Crianças que passam por essas experiências podem sofrer sérias paradas do desenvolvimento emocional, causadas por transtornos mentais, formas arcaicas de idealização, grandiosidade e exibicionismo que, na vida adulta, podem resultar em uma baixíssima auto-estima, que costuma gerar condutas inadequadas, imaturas e/ ou socialmente prejudiciais.

A questão é que pais narcísicos, inseguros, não conseguem suportar as frustrações normais que o cuidar de crianças gera. Pais narcísicos facilmente perdem o controle e, muitas vezes, são tomados por atitudes violentas e desproporcionais contra seus filhos.

Por diversas vezes ouvimos depoimentos de crianças residentes de rua dizendo que fugiram de casa pelos maus tratos que sofriam. Estas crianças, malvindas pela família e pela sociedade, acabam desenvolvendo uma baixíssima auto-estima que leva a uma hipersexualidade e a uma agressividade patológica.

Elas, em família, sofrem a violência de não serem reconhecidas como crianças em suas necessidades de desenvolvimento biopsicossocial, e, em sua grande maioria, são exploradas, espancadas e sofrem abusos sexuais e psicológicos.

Em sociedade, perdem o direito de conquista da cidadania, principalmente quando, desde pequenas, são batizadas pelo nome de "Menino" ou "Menina" com o sobrenome "Rua". Sofrem, assim, a violência de serem marcadas com as cicatrizes dos reveses das ruas, enfrentando, em sua maioria, a droga, a omissão e a morte.

E não poderíamos, neste ponto, deixar de abrir parêntese para um outro grupo de pessoas que também, muitas vezes, principalmente em nossa cultura, é malvindo: o grupo dos idosos.

Tal qual ocorre com as crianças chamadas "Meninos (as) de Rua", os idosos também, em sua maioria, vivem à margem da sociedade e de seus familiares. Em sua grande maioria, recebem uma aposentadoria insuficiente para uma vida digna, ficando à mercê dos filhos para morar e se alimentar. Se doentes, em não havendo praticamente hospitais públicos que proporcionem atendimento decente, acabam, se não morrendo, como entulhos, jogados pela família em asilos de quinta categoria; ou, então, sozinhos, muitas vezes reduzidos a uma cama em algum cômodo, abandonados em meio à decadência física da própria condição humana.

Em família, também, muitas vezes a pessoa jovem maltrata seus idosos por estarem eles espelhando um futuro que pode ser o seu. O jovem narcísico não suporta a idéia de que algum dia poderá ficar decadente, dependente e frágil. É como se, com a sua raiva e rejeição, estivesse dizendo ao idoso: – Não me mostre aquilo em que eu posso me tornar!

Não poderíamos também deixar de citar os maltratos que surgem como uma repetição de padrão: filhos que maltratam os pais porque durante a vida foram maltratados por eles. Neste caso, o filho, sentindo-se lesado, vinga-se nos pais aquilo de que se ressente de ter recebido.

Todavia, a capacidade humana para a vida é fantástica e, por vezes, mesmo para aqueles que não puderam contar com selfobjetos muito empáticos na infância, em patologias não muito graves, na vida adulta, por exemplo, um bom casamento, no qual a parceria funciona como um selfobjeto, pode ajudar muito uma pessoa.

Quantas vezes nos deparamos com pessoas que tinham sérios problemas, mas que ao conhecer a sua dita "cara-metade" se estruturaram, passaram a trabalhar, a ser mais sociáveis, enfim, a se desenvolver.

Isto ocorre porque a "cara-metade", funcionando como um selfobjeto idealizado ou especular, representa alguém necessário para o parceiro continuar a se desenvolver e que, até então, não havia sido encontrado, que preenche as necessidades do desenvolvimento emocional.

Não somente a "cara-metade", mas um bom amigo, uma profissão, um passatempo, etc. funcionam como selfobjetos que ajudam a estruturar.

O risco dessas situações é que se a pessoa não estiver atenta a este fator, ou melhor, se não procurar desenvolver a estrutura de self, caso venha a perder, por exemplo, a "cara-metade", pode se perder junto. Isto é comum quando um casal se separa e um dos dois vivencia um sentimento desesperante de desamparo; ou, como um outro exemplo, quando a pessoa se aposenta e experimenta o sentimento de apavorante vazio. Em ambas as situações podem ser desencadeadas patologias graves, como a depressão e surtos psicóticos que podem até levar ao suicídio. E isto porque as falhas de idealização geralmente levam as pessoas a idealizar e a depender emocionalmente dos outros, necessitando excessivamente de pessoas, de estarem sempre namorando, etc., sem no entanto, nestes casos, estarem reconhecendo o outro como o outro, mas utilizando-o a serviço do próprio self, na tentativa de preencher um sentimento de vazio.

Certa vez Márcio, ao perder a sua namorada, sentiu um profundo desespero, chegando a apresentar sintomas semelhantes ao de uma síndrome de abstinência de substâncias químicas. Ele teve insônia, pesadelos, crises de angústia, diarréia, vertigens, taquicardias, sudorese, etc. Foi como se o seu sistema nervoso central tivesse criado receptores para aquela pessoa, tal qual para os benzodiazepínicos e outros.

E a dependência emocional é muito comum de acontecer, levando a pessoa que a vivencia a sentir um sofrimento enorme de desamparo e desestruturação frente à ausência daquele outro – que funciona como uma extensão de si mesma, da qual ela está dependente.

Portanto, nunca é demais repetir que, de acordo com Kohut[35],

> A criança que sobrevive psicologicamente nasce num ambiente humano empático-responsivo (de selfobjetos), da mesma maneira que, se sobrevive fisicamente, nasce numa atmosfera que contém uma quantidade ideal de oxigênio. E seu self nascente "espera" (...) que um ambiente empático esteja em harmonia com seus necessários desejos psicológicos com a mesma certeza incondicional que o aparelho respiratório do bebê recém-nascido, pode-se dizer, "espera" que o oxigênio esteja contido na atmosfera circundante.

[35] Heinz KOHUT. *A Restauração do Self*. pp.79-80.

10

A FRUSTRAÇÃO E A VIOLÊNCIA

Qual de nós não gostaria de viver uma vida em que tudo funcionasse na mais perfeita ordem? Imagine se não faltasse dinheiro, se o amor batesse à porta, se os objetos não se estragassem, etc.

Entretanto, a vida não funciona na mais perfeita ordem, muito pelo contrário, a vida é feita de encontros e desencontros, da ordem e da desordem, de ganhos e perdas, etc. E se nos momentos em que se constata isto, no dia-a-dia, a pessoa não tiver uma boa estrutura de self, pode sentir aflorar uma agressividade e, mais, uma agressividade extremamente destrutiva, conseqüência da intolerância às frustrações inerentes à própria condição de viver.

E isto se dá com pessoas que, apresentando uma baixa auto-estima, possuem pouca capacidade para tolerar frustrações e, portanto, dificuldades para controlar seus impulsos, podendo se irritar de forma desproporcional frente ao menor contratempo.

Os indivíduos com patologias no self costumam apresentar uma vulnerabilidade narcísica, isto é, são muito sensíveis a qualquer falha por parte dos outros e se desestruturam muito facilmente quando pessoas de suas relações os frustram, comportando-se de forma diferente da que eles esperavam ou necessitavam. Estas vulnerabilidades podem se manifestar desde uma pequena reação de agressividade até ao mais alto grau de violência criminal.

Frente à incapacidade para lidar com a realidade e limites da própria vida, pode uma pessoa ir desde uma pequena discussão até a uma agressão física quando, por exemplo, alguém se atrasa por 20 minutos para um encontro marcado.

Uma pessoa pode também apresentar uma erotização excessiva, como, por exemplo, a de um paciente psicótico que se masturbava com uma freqüência exagerada. Neste caso, a erotização e o orgasmo, além da descarga da tensão, ofereciam a noção de realidade e limites, através da sensação corporal que a erotização e o orgasmo são capazes de promover, levando a pessoa a sentir seu próprio corpo ameaçado pela desestruturação emocional.

Isto ocorre também com os pacientes fronteiriços, em que é muito comum a perversão sexual. Incapazes de lidar com a frustração, em alguns casos, podem, costumeiramente, estar fazendo vários programas extremamente cansativos, praticando esportes perigosos, etc., atividades que, em contraste com a possibilidade da morte, promovem a sensação de capacidade e plenitude. Também podem partir para atos anti-sociais como uma forma de exibicionismo arcaico, manifestando, por exemplo, extrema violência quando se sentem humilhados simplesmente porque foram ultrapassados por um carro. Neste caso, reagem de forma extremamente agressiva, com fúria narcísica, podendo, a fim de compensar o sentimento de humilhação, até mesmo matar aquele que os ultrapassou, sentindo-se, assim, todo-poderosos. Tal qual é comum ao drogadicto buscar na maconha a tranqüilidade; na cocaína a força, o poder e o vigor; e no álcool a coragem.

ALGUMAS DAS PATOLOGIAS POSSÍVEIS DE SEREM DESENVOLVIDAS EM CONSEQÜÊNCIA DAS FRUSTRAÇÕES TRAUMÁTICAS

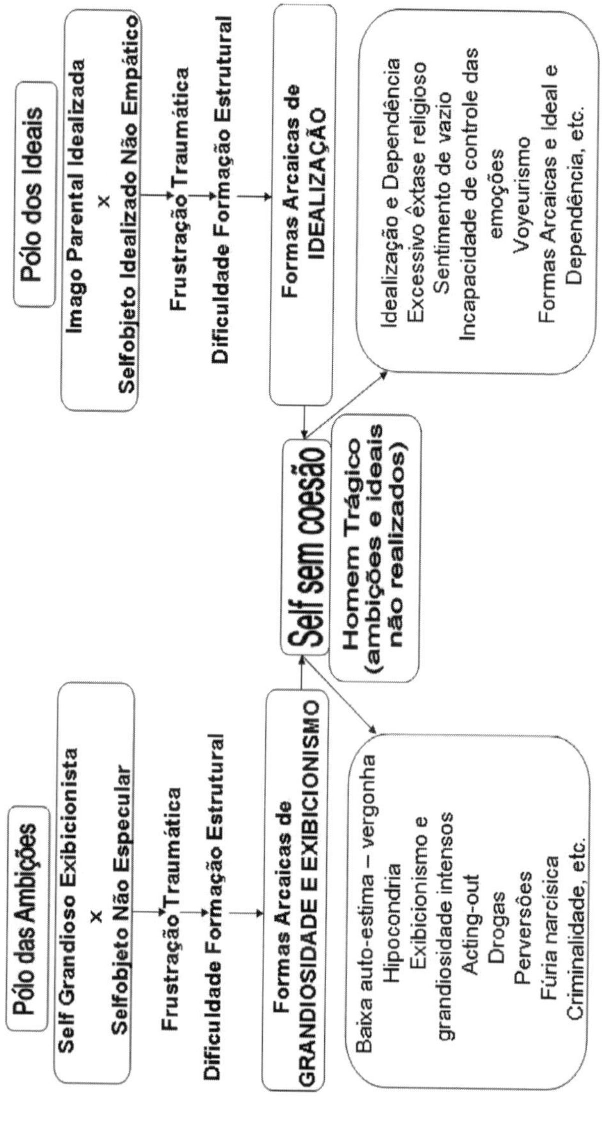

ALGUMAS DAS POSSIBILIDADES EM CONSEQÜÊNCIA DAS FRUSTRAÇÕES ÓTIMAS

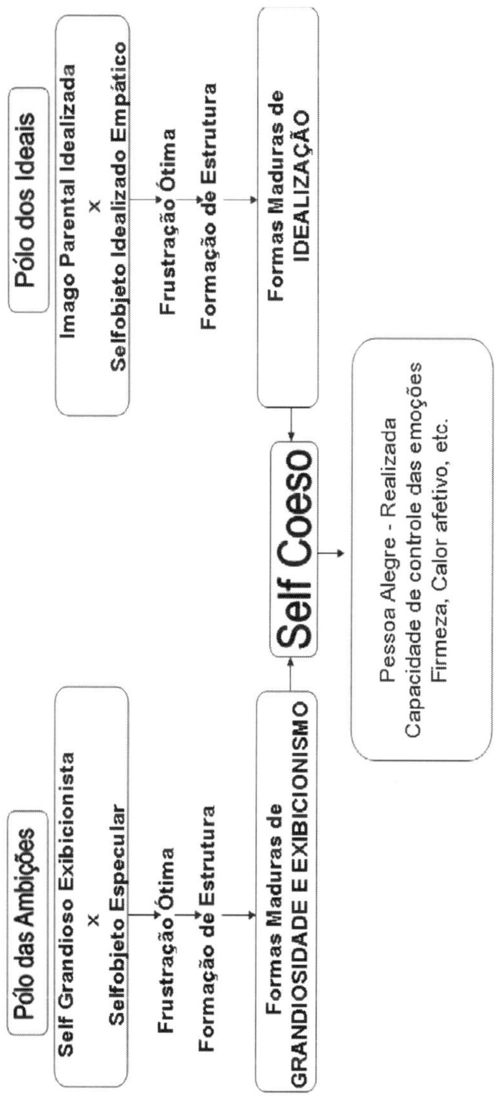

11

TRÊS CASOS DE VIOLÊNCIA

Caso 1

Lauro era um taxista que tinha por hábito desviar-se de sua rota para estuprar as suas passageiras.

Um dia, no entanto, eis que ao pegar por volta das 3 da manhã, saindo de uma boate, Marina, uma mulher escolada e experiente na vida, como costumava fazer, desviou a rota e, parando o seu carro em uma rua bem isolada e escura, ameaçou matá-la com um revólver caso ela não aceitasse se submeter às práticas sexuais com ele.

Marina não sentiu medo. Muito segura, diferentemente das outras vítimas, em vez de se mostrar em pânico e desespero, perguntou:

– Para que isso? Você é um rapaz tão simpático. Podemos ir para o meu apartamento!

A reação de Lauro foi de perplexidade. Ele não sabia o que fazer com aquilo. Estava acostumado a apavorar e a provocar repúdios em suas vítimas e não a conquistá-las. Era a primeira vez, naquela situação, que ele conquistava uma mulher.

Foi quando, desconcertado, ele perguntou:

– Você não está com medo de mim?

Sem o menor receio, ela respondeu:

– Por que eu haveria de estar? Você é tão simpático...

Sem saber como lidar com aquela situação, na mesma hora ele desistiu do estupro. Foi quando ela sugeriu lhe dar o seu telefone para que ele a procurasse em um outro dia.

Lauro deixou Marina em casa, mas antes a fez repetir o número do telefone para ver se ela estava sendo honesta e, mais uma vez surpreso, constatou que o número fora repetido corretamente. E foi posteriormente a esta tentativa de estupro frustrada que ele foi preso.

O self grandioso arcaico de Lauro, associado a uma erotização acentuada do seu self, se agigantava durante o ato de estuprar se as suas vítimas ficassem em estado de pânico.

Muitas vezes um estuprador mata a sua vítima, não somente para não ser identificado e denunciado, mas também para sentir-se forte ao projetar no desespero da vítima o seu lado frágil e pobre.

No caso da passageira do motorista do táxi, a sua potência, demonstrada através de sua firmeza e segurança, fez com que o mecanismo violento de Lauro fosse abortado, principalmente, quando sabiamente o elogiou. A potência de Marina levou Lauro à impotência, pois ele só conseguia ser sexualmente potente diante da impotência de uma mulher.

Caso 2

Em certa ocasião, Joana e Fátima se banhavam à noite em uma praia deserta no interior do Estado do Rio de Janeiro.

Felizes com um banho de mar gostoso, acreditavam-se seguras naquela praia deserta até que, de repente, dois indivíduos se aproximaram e investiram na atitude de estuprá-las.

Situação extremamente difícil, sem ter a quem pedir socorro, Joana, de forma impensada, de repente, começou a dançar e a cantar uma música religiosa.

Enquanto Joana dançava e cantava, Fátima, de forma estática, observava. E quanto mais os homens faziam menção de se aproximar, mais Joana, como uma forma de lidar com o medo que sentia, dançava e cantava. Ela dançava e cantava e nada a fazia parar.

Qual foi a surpresa, quando os dois indivíduos, frente àquela situação inusitada, apavorados com Joana, saíram correndo, fugindo.

Eles, provavelmente, atribuíram a Joana algum poder sobrenatural, colocando-a em um "lugar" superidealizado de poder, o que inibiu as suas erotizações arcaicas grandiosas.

Pois tal qual o taxista estuprador, a potência do possível poder sobrenatural de Joana levou os dois homens à impotência, pois eles só conseguiriam ser sexualmente potentes diante da impotência de uma mulher apavorada.

Caso 3

Certa vez, Soraia, voltando de seu trabalho, estava tranqüilamente andando na calçada de sua rua, quando, quase chegando em casa, um homem, pondo-se a caminhar ao seu lado, lhe falou:

– Me passe o seu dinheiro!

Era um assalto. No entanto, de forma inesperada, Soraia, em vez de abrir sua bolsa e lhe passar o dinheiro, posicionando-se de forma bastante firme, retrucou:

– Qual é, meu irmão?

Perplexo e um pouco assustado, o homem, mostrando-se surpreso com a reação de Soraia, disse:

– Qual é o quê? Eu estou só brincando!

Enganou-se quem pensou que Soraia ia ficar quieta. Ela prosseguiu:

– Já pensou se eu estivesse armada?

O homem, espantado, respondeu:

– Ia dar o maior chabu!

E, fazendo uma pausa, falou:

– *Taí*, gostei de você. Você é valente!

E continuou a andar ao lado de Soraia por mais alguns metros até que ela entrasse no edifício onde morava, sem lhe levar um tostão.

Neste caso, em vez de um relacionamento de poder *versus* o de submissão, estabeleceu-se um diálogo de iguais. Ele a identificou como um alguém em semelhança essencial, como se fosse uma alma gêmea, e isto viabilizou uma situação de compreensão e respeito mútuo.

No entanto, faz-se importante frisar, o final feliz dos três casos citados não é freqüente. Normalmente, atitudes impensadas e repentinas não costumam evitar a consumação de atos delituosos; muito pelo contrário, sabemos que normalmente atitudes impensadas e repentinas levam as pessoas à morte.

Um outro ponto importante que também não podemos deixar de dizer é que, mesmo podendo esclarecer algumas patologias, jamais podemos justificar os atos de violência e destrutividade decorrentes delas.

Salvo no caso de insanidade, essas pessoas são responsáveis pelos seus atos. É uma inversão de valores vitimarem-nas quando, na verdade, são elas que fazem as vítimas. Estas pessoas não têm o direito de se fazerem vítimas de seus pais, da sociedade, etc.

A vida é o que é! E cabe a cada pessoa aprender a lidar com os acontecimentos da vida, prezando a convivência pacífica e o respeito mútuo.

Portanto, se aconteceram faltas graves em nossas vidas que não fomos capazes de resolver sozinhos, devemos procurar ajuda de profissionais especializados, mas jamais achar que tais faltas justificam ações de lesão a nós próprios ou ao próximo.

A ajuda profissional pode ser psicoterápica e/ou psiquiátrica. De um modo geral, o indivíduo neurótico submete-se à psicoterapia, sendo que os indivíduos psicóticos (geralmente esquizofrênicos) e fronteiriços submetem-se a um tratamento conjugado de psicoterapia e psiquiatria. Nestes últimos casos, usam-se medicamentos psicofarmacológicos como antipsicóticos atípicos (olanzapina, risperidona, quetiapina, etc.) e moduladores do humor (topiramato, ac. valproico e carbamazepina, etc.). A violência decorrente de problemas mentais será melhor descrita no próximo capítulo.

Enfim, nós entendemos que, salvo o doente mental e assim mesmo, como determina a lei, somente se insano e sem discernimento no ato do delito, somos responsáveis pelos nossos atos e temos o poder de escolha, de decisão, entre agir ou não.

12

ALGUNS TIPOS DE DOENÇA MENTAL E A VIOLÊNCIA

Nas neuroses, os pensamentos agressivos, conscientes ou inconscientes, geralmente não são transformados em atos, mas em sintomas. Por exemplo, quando uma pessoa fica com medo ao chegar ao parapeito de uma janela de despencar, ou ao pegar uma criança no colo sente medo de ela cair, estaria, na maioria das vezes, expressando, através de seus medos, a sua própria agressividade.

Na esfera da patologia, os neuróticos obsessivos apresentam fortes fantasias agressivas acompanhadas de onipotência, o que os faz viver de forma muito sofrida, pois imaginam que o que pensam realmente vai acontecer.

São pessoas que, por exemplo, precisam fechar a porta cinco vezes para evitar que um ente querido muito próximo venha a falecer. Ou, então, podem, como Fábio, que durante relações sexuais era tomado pelo pensamento de que estava transando com a Nossa Senhora ou com a Virgem Maria, ficar apavoradas e precisar de bater na madeira três vezes para "isolar" o pensamento e este sumir.

Fechar a porta cinco vezes, bater na madeira, etc. são formas mágicas e onipotentes de acreditar que se pode evitar que o mau pensamento se transforme em realidade.

Há casos de pessoas que no decorrer da vida transformam a sua agressividade inconsciente em seu oposto, tornando-se justiceiras, fazendo muita filantropia, passando, de forma reativa, a serem pessoas muito caridosas.

Não raro, o indivíduo com um mundo interno muito violento costuma vivenciar, projetando a sua agressividade no outro, o mundo externo como hostil, tendendo a sentir-se perseguido e ameaçado pelos outros. Normalmente, reage ao outro com muita agressividade, pois, imaginando-se agredido e injuriado, posiciona-se frente à vida com grande desconfiança e raiva. Isto fica evidente, por exemplo, nos ciúmes delirantes, quando, baseado em apenas suposições, às vezes, sem base alguma na realidade, o indivíduo sente-se traído, desonrado, ultrajado e age com extrema violência.

Vez por outra, quem possui fortes traços paranóides, logo em seguida ao ato destrutivo para com o outro, experimenta um enorme sentimento de culpa e acaba cometendo suicídio, retornando para si a agressão antes dirigida para o outro.

Freud descrevia que nos ciúmes excessivos, o que o sujeito atribuía ao outro, na verdade, pelo mecanismo de projeção, eram os seus próprios impulsos de infidelidade; ou a sua homossexualidade inconsciente, como, por exemplo, o marido que, observando a sua esposa e o vizinho, desconfia que é ela quem estaria interessada no vizinho e não, como de forma inconsciente seria, ele mesmo.

É importante dizer que estamos descrevendo o perfil de pessoas imaturas emocionalmente, que, em determinados momentos, acham saber o que o outro está pensando, mas, na verdade, é o que ela está pensando projetado no outro; portanto, estamos falando de pessoas, psicologicamente, muito misturadas com o outro, isto é, emocionalmente muito enfermas.

A agressividade pode se apresentar em vários graus e em intensidades variadas, ou melhor, a manifestação da agressividade pode variar de acordo com os traços de personalidade, a gravidade das enfermidades e as alterações emocionais. Pode ficar restrita aos pensamentos, como, por exemplo, no desejo que por vezes sentimos de agredir alguém quando estamos com raiva; encontrar expressão nos sonhos e pesadelos, quando sonhamos que alguém de quem não gostamos morreu; exteriorizar-se sob a forma de irritabilidade, mau humor, agressões orais, fingimentos, etc.; e, também, manifestar-se em agressões físicas.

Enquanto o neurótico pode ser agressivo, mas responsável pelo seu ato, pois sabe o que está fazendo, na psicose, principalmente na esquizofrenia, não há uma diferenciação entre o eu e a realidade. Em outras palavras, para um esquizofrênico em surto, por exemplo, o que se passa na mente dele, ele pensa que vem de fora.

É muito comum pacientes esquizofrênicos paranóides acharem que a outra pessoa está rindo deles ou achando que eles são homossexuais, e, baseados nesta convicção, podem até matar a pessoa que, muitas vezes, nem se deu conta da existência de quem a matou.

Muito comum também na pessoa esquizofrênica é ouvir vozes como se estivessem dentro da própria cabeça. Estas vozes, por vezes, costumam mandar o esquizofrênico matar alguém ou afirmam que estão querendo envenená-lo. Nestes casos, a obediência à voz pode levar o indivíduo a matar tanto porque a voz ordenou quanto para se defender da suposta ameaça de envenenamento.

O que acontece é que o eu desses pacientes está fragmentado e, com o inconsciente à tona, eles não conseguem conter seus impulsos agressivos.

Certa vez, um engenheiro matou a mulher que amava, cortando-a em pedaços, que foram guardados no freezer para serem comidos por ele aos poucos. Neste caso, observamos a agressão manifestando-se no esquartejamento, e o inconsciente mostrando-se totalmente aflorado na forma de ele introjetar a mulher amada, comendo-a concretamente nos seus pedaços.

Diferentemente dos neuróticos e dos indivíduos "normais" que cometem crimes, os pacientes esquizofrênicos não sentem grandes culpas, pois consideram, de forma convicta, que estavam praticando atos justificados e adequados, como, por exemplo, aconteceu com uma mulher que foi internada no manicômio judiciário. Ao se deparar com o marido dormindo, entendeu que ele a traía com uma outra mulher e, frente a esta dedução, resolveu, por uma questão de justiça com ela mesma, matá-lo, jogando água fervendo no seu ouvido.

É importante deixar claro que não é todo paciente esquizofrênico que mata; ao contrário, os que chegam a este extremo são uma minoria; mas, mesmo sendo minoria, ilustram de forma clara a dinâmica da violência humana. Geralmente, são crimes bizarros e estranhos. Um esquizofrênico pode, por exemplo, matar alguém muito querido e logo em seguida fazer, tranquilamente, uma refeição ao lado do corpo, experimentando um bloqueio afetivo.

Um outro tipo de patologia que leva o sujeito à agressão é o chamado alcoolismo patológico, pelo qual basta a pessoa ingerir uma pequena quantidade de bebida alcoólica para ter modificado repentinamente o comportamento, tornando-se agressiva e destrutiva.

O álcool propicia a liberação da agressividade contida naquela pessoa, deixando-a com mais coragem para um crime que, usando uma linguagem popular, "de cara limpa" não cometeria.

Muitos desastres rodoviários são cometidos por motoristas alcoolizados, que perdem a noção do perigo ao dirigir em alta velocidade. Dirigir um carro com seus reflexos diminuídos e em alta velocidade é uma das formas de expressão da agressividade e da capacidade destrutiva humana.

É muito significativo o que acontece com os alcoólatras crônicos que, com o tempo, vão sofrendo lesões cerebrais causadas pela ingestão acentuada de bebidas alcoólicas e cujo Eu, ao ir se enfraquecendo, facilmente se torna irritável, agressivo e desconfiado.

Isto se faz notar nas brigas por motivos fúteis que geralmente acontecem em bares depois do uso de bebida alcoólica. Também é comum o marido se tornar ciumento, até porque, pelo alcoolismo, se torna impotente e, assim, acha que a esposa tem outro parceiro sexual, o que pode levá-lo a cometer assassinato.

Certa vez atendemos uma mulher alcoólatra que se sentava no bar sozinha para beber, chegando ao ponto de não saber mais o que fazia ou para onde ia. No dia seguinte, às vezes até machucada, dava-se conta de que havia praticado sexo, sem saber direito como aquilo havia acontecido. Assim como um paciente que, em psicoterapia, era tratado como neurótico e não apresentava melhoras. Seus sintomas eram ansiedade, irritabilidade, insônia, crises de pânico, etc. No momento em que se compreendeu que seus sintomas eram decorrentes de uma intoxicação alcoólica, ele conseguiu parar de beber e seus sintomas, até então considerados equivocadamente como neuróticos, desapareceram.

Jocosamente, costuma-se dizer que o alcoólatra possui três fases evolutivas: a do macaco, a do leão e a do porco.

Na fase inicial, tal qual um macaco, o indivíduo faz gracinhas, brincadeiras. Na segunda fase, como um leão, torna-se agressivo. Na terceira e última fase, como um porco na lama, cai na sarjeta e suja-se com a própria urina, etc.

Outras drogas também acabam por desencadear diversos comportamentos agressivos. É fato observável que a maconha não costuma liberar a agressividade da pessoa, ao contrário do que acontece com a cocaína. Tal como o álcool, a cocaína pode agir de modo a provocar a desestruturação da pessoa, já que sob o seu efeito, normalmente, o indivíduo se sente mais poderoso e a sua auto-estima baixa pode ser transformada – de forma reativa pela aparição de um self grandioso arcaico exibicionista – em atos violentos. Isto, além de essas substâncias causarem alterações no funcionamento neuronal.

Volta e meia temos a chance de ver, em reportagens, adolescentes e até crianças sob efeito de drogas, sentindo-se alguém muito forte e poderoso por estar tomando conta da entrada de uma boca de fumo com uma metralhadora nas mãos. Mais importante se sentem se aparecem na televisão, pois saem do anonimato, galgando, no seu grupo, ascensão social.

Também destacamos a história de um pai que matou primeiro a sua esposa e depois seu casal de filhos, a menina com dois anos e o menino com três anos e meio de idade e, por fim, se suicidou.

Ao se ouvir esta história, é comum perguntar: se queria morrer por que não morreu sozinho? Por que tinha que matar toda a sua família?

Acontece que, provavelmente, este pai estava sofrendo de um transtorno bipolar, antigamente denominado de psicose maníaco depressiva.

Neste transtorno, nas fases depressivas, a pessoa pode tentar se matar, matando antes sua mulher e seus filhos, por achar que assim eles não ficarão sofrendo muito, abandonados no mundo. Este tipo de homicídio é chamado de homicídio por piedade.

Contrariamente à fase depressiva, na fase maníaca o indivíduo fica desinibido, falante, hiperativo, com muita dificuldade para dormir, etc. E, sentindo-se poderoso, pode praticar atos de violência.

Certa vez um rapaz, em plena fase maníaca, entrou na contramão de uma auto-estrada bastante movimentada e dirigiu seu carro por vários quilômetros em alta velocidade, colocando em risco não somente a sua vida, como a de várias outras pessoas.

Enfim, enquanto que na fase depressiva a auto-estima é baixa, levando a pessoa a sentir-se culpada, pessimista, etc., na fase maníaca a mesma auto-estima baixa gera um aumento patológico e, portanto, irreal, no sentido de fazer a pessoa se sentir todo-poderosa.

13

PEQUENOS GRUPOS E A VIOLÊNCIA

Do grupo familiar, costuma-se evoluir para o grupo escolar, o grupo do clube e/ou da praia e/ou da rua, etc. Todos os grupos que freqüentamos estão a serviço de apoiar emocionalmente e de, em princípio, atender a necessidade básica de todo ser humano de pertencer.

Normalmente esses grupos têm lideranças que, idealizadas, inspiram o sentimento de amparo e proteção. E, ainda, o grupo também pode se constituir em torno de uma idealização maior, como, por exemplo, um artista, um time de futebol, etc.

Se o indivíduo possui um self estruturado, ele participará destes grupos como algo que lhe proporcionará prazer e crescimento, até porque experimentará aquele grupo como uma extensão de si mesmo.

É comum o orgulho de se dizer que se estudou em tal colégio, cursou tal faculdade, etc., como se o tal colégio ou a tal faculdade fosse uma extensão da pessoa, um algo que serviu de apoio no desenvolvimento da estrutura daquela pessoa e, portanto, ajudou na formação daquele Eu.

E, ainda, como acontece com torcedores de um time de futebol. Quando o time perde, a pessoa sente como se ela tivesse pessoalmente sido derrotada, podendo, na patologia dos mais fanáticos, chegar a viver crises de depressão ou de agressões violentas, podendo morrer ou matar.

No entanto, pode acontecer de um indivíduo, por possuir falha grave na estruturação de seu self, vivenciar o grupo (ou a instituição) ao qual pertence como um selfobjeto arcaico (pais ou substitutos capazes de prover tudo). E, nestes casos, se comportará como um bebê.

Essas pessoas acreditam que, tal qual um dia aconteceu com seus pais, o grupo (ou a instituição) tem a obrigação de prover tudo para suprir as suas necessidades.

Isto é comum se observar, principalmente, em instituições públicas, quando os políticos as utilizam para atendê-los nas suas necessidades narcísicas, como fica exemplificado na notícia de jornal que diz: "Gasolina para dar 64 voltas ao mundo – Câmara gastou R$ 41 milhões em 2005 para reembolsar os gastos dos deputados com combustível" [36].

É o uso da vaidade, da ganância, do desrespeito para com o outro. O que, sem dúvida, acarreta sérios problemas institucionais, principalmente, se estas pessoas adquirem o poder da instituição.

Se para um indivíduo se desenvolver faz-se necessário assisti-lo nas suas três necessidades básicas, a situação de grupo, por si só, já, em princípio, por sua própria estrutura, exerceria a função de atender a necessidade de semelhança essencial.

Se um indivíduo se sentir muito diferente da essência de um determinado grupo que por alguma razão conseguiu penetrar, esta pessoa experimentará a si mesma como um "ET"; as outras pessoas que integram o grupo, por sua vez, na tentativa de manter atendida a necessidade básica de semelhança essencial, necessidade que promove uma rejeição natural do diferente do grupo, tenderão a expulsar aquele indivíduo "ET" do grupo.

A entrada do indivíduo "ET" no grupo, se os seus componentes não forem pessoas com selves estruturados, pode provocar uma

[36] *O Globo*. Domingo, 23 de abril de 2006, O País, p.10.

reação agressiva e a desestruturação no self de uma (ou mais de uma) pessoa, que se manifestará por alguns (ou por todos) indivíduos, podendo até mesmo levar o grupo ao máximo de sua destrutividade, ou seja, a se desfazer enquanto grupo.

Um indivíduo novo também pode ameaçar simplesmente pelo fato de ser alguém desconhecido, o que, quase sempre, remete os outros integrantes do grupo ao sentimento de insegurança e, portanto, ao sentimento de desproteção. Isto também pode flagrar uma reação de violência na direção do novo integrante. Neste exemplo, pela regra do contrário, evidencia-se que um grupo funcionando bem, atende a necessidade básica de amparo e proteção.

As situações demonstradas não necessariamente ocorrerão unicamente com a introdução de uma pessoa nova no grupo. A todo instante podem estar ocorrendo, seja porque alguém do grupo comportou-se ou falou algo estranho e diferente do restante dos integrantes do grupo, etc. A introdução de um indivíduo novo apenas amplifica uma situação constante na dinâmica de um grupo.

A terceira necessidade básica de um indivíduo, a de sentir-se aceito e valorizado, também é favorecida na situação de grupo. Se João pertence a um grupo é porque ele foi aceito e valorizado pelos componentes daquele grupo.

A função especular de um grupo, ou seja, a possibilidade de cada um se ver espelhado no outro, é muito importante para um indivíduo. O grupo como selfobjeto oferece através de seus componentes uma gama de opções para um indivíduo. Bastaria que um elemento do grupo admirasse João para que ele pudesse se sentir com valor. Por outro lado, bastaria que um elemento do grupo não admirasse João para que ele pudesse se sentir muito "por baixo", com sentimento de inferioridade. Se a falha for experimentada em nível ideal, a pessoa viverá a frustração ótima que, como já vimos, viabiliza uma estrutura de self. Todavia, se a falha for experimentada em nível traumático, poderá reagir com agressividade e violência contra si e/ou os outros.

Assim, verificamos que, em um grupo, cada indivíduo passa a exercer função selfobjetal, ou seja, de estrutura para os selves de seus componentes. Como propôs Bisker para o grupo psicoterápico, mas que se aplica a qualquer tipo de grupo[37]:

> Self Grupal – Centro do Universo Psicológico do Grupo (...) seria o sentimento que cada paciente teria do grupo como um todo, incluindo um fator temporal, "duradouro" e que poderá variar de paciente para paciente e, em cada paciente, de acordo com o seu momento e de como o grupo está sendo vivido pelo mesmo (...)

A importância desta compreensão se faz para que possamos entender a influência que cada um de nós pode exercer nas pessoas, nos diversos grupos aos quais, inevitavelmente, pertencemos em nosso dia-a-dia.

Certa vez, em um grupo de pacientes no Manicômio Judiciário, um paciente esquizofrênico se levantou no meio da sala e começou a fazer com os dedos o gesto de atirar na direção dos demais componentes do grupo. E a cada vez que simulava um tiro, estufava o peito, demonstrando estar se sentido orgulhoso e com força.

Podendo expressar a sua patologia, este paciente demonstrou o quão a sua agressividade destrutiva o fazia se sentir forte, pois na sua fantasia, naquele momento, ele teria o poder de matar. Um poder superpoderoso, um poder de Deus, pois quem acredita que tem o poder de matar, acredita ter o poder sobre a vida.

Por outro lado, o grupo pôde acolher a sua agressividade destrutiva, admirando o seu exibicionismo ao achar graça naquele gesto, mas

[37] Jayme BISKER. Aplicações da Psicologia do Self à Psicoterapia de Grupo. *In*: *Grupoterapia Hoje*. pp. 102-103.

contendo-o, de forma que o paciente ficou apenas no gesto e não partiu para a ação, ou seja, não matou ninguém.

Se duas pessoas juntam-se em uma sala e se olham no espelho, verão a imagem do conjunto delas mesmas. Se uma terceira pessoa entrar na mesma sala e juntar-se às outras duas, a imagem visualizada no espelho será alterada. E, assim por diante, a cada entrada de uma pessoa na sala, a imagem visualizada será sempre alterada.

Assim como as pessoas espelhadas, a cada entrada de uma pessoa no grupo, o grupo será sempre alterado e é isto que o torna dinâmico, fazendo-se, assim, o grupo uma imagem virtual dos selves de seus integrantes.

E ainda, não sendo um organismo independente de quem nele se insere, visto que, se alguém se inseriu em um grupo, automaticamente o grupo passa a ser vivenciado como uma extensão do indivíduo que se inseriu, o grupo inevitavelmente passa a funcionar como um selfobjeto, ou seja, como uma extensão do Eu que auxilia na estruturação emocional do indivíduo.

E, neste sentido, o grupo funcionando como uma extensão do Eu, tanto pode servir de apoio para as pulsões agressivas e amorosas quanto pode servir, não funcionando como apoio, como um lugar desagregador onde pessoas "colocam seus demônios para fora", como, por exemplo, nas gangues, quando pessoas se juntam para cometer atos de vandalismo.

14

A CIÊNCIA DO SENTIR E A VIOLÊNCIA

Em 1986, com o único objetivo de realizar uma pesquisa sobre o sentir humano, Maria Beatriz Breves Ramos, uma das autoras deste livro, já psicóloga, iniciou a graduação de Física, por entender que esta seria a área do saber que mais poderia lhe ensinar sobre energia. Somou-se ao estudo da Física o de diversas outras áreas do saber, construindo-se no campo da transdisciplinaridade o que hoje é denominado de Ciência do Sentir.

Ramos, propondo o ser humano como um complexo vibratório macromicro[38], que, sendo a parte e o todo, "é, pertence e habita o cosmos, no qual a vibração é a própria experiência do sentir[39]", e que interage com o meio através da ressonância e do princípio da interação[40], em 1998[41] migrou da base pulsional proposta pela

---

[38] Maria Beatriz Breves RAMOS. Macromicro – A Visão Psicofísica Quântica da Psicanálise – tema livre do 14° Congresso Brasileiro de Psicanálise - Rio de Janeiro - outubro de 1993, publicado no Boletim Científico n°10/93 da Sociedade Brasileira de Psicanálise do Rio de Janeiro – SBPRJ; e *A Fronteira do Adoecer*, p. 22.

[39] *Ibid. O Homem Além do Homem.* p. 13.

[40] O Princípio da interação diz que ao observarmos um ser humano, o fazemos: "1) sempre do referencial de nosso sistema perceptivo; 2) sempre processando em nosso complexo macromicro a voz (onda mecânica), a visão (onda eletromagnética) e outras vibrações captadas do outro observado; 3) sempre não isolados, até porque fazemos parte do meio que observamos"(id, 1998, 144). Portanto, um ser humano macromicro não pode observar um outro ser humano macromicro sem interferir e ser interferido. Assim, por princípio, a Ciência do Sentir demonstra que o (psicanalista) estará sempre regido pelo Princípio da Interação (...)" (Maria Beatriz Breves Ramos. Psicossomática – um novo Paradigma. pp. 22-28).

[41] Maria Beatriz Breves RAMOS. *Macromicro – A Ciência do Sentir.*

psicanálise para a base vibracional proposta pela Ciência do Sentir.

Ao migrar do conceito de pulsão para o conceito de vibração, entende-se que o que foi chamado de pulsão de vida e de morte nada mais seria do que uma qualidade vibratória que tenderia à construção e/ou à destruição.

Esta migração, estando baseada em paradigmas mais modernos do saber, pôde expandir o conhecimento do que se passa nas relações humanas em nível elementar, ou seja, em nível do sentir.

> Em qualquer trabalho que envolva relações humanas, ocorrerão dois momentos: 1) o primeiro momento é o da vivência do sentir; 2) o segundo momento é o da versão dada ao sentir. A estrutura das nossas teorias humanas inicia-se no segundo momento. O primeiro momento, aquilo que o (psicanalista) sente para encaminhar seu trabalho, esta base, as teorias existentes não atendem e foi a este momento que a Ciência do Sentir se propôs[42].

E, também, pôde configurar um modelo teórico para o sentir que se aplicasse em diferentes épocas e culturas.

> O sentir é o elemento universal do ser humano. Desde que o homem se conhece como homem, ele sente; o que pode variar é a expressão do sentir. O sentir ultrapassa os tempos, as culturas, as raças, as religiões, etc. Sabemos muito bem a que um autor do século passado referia-se quando escrevia a palavra amor, raiva, tristeza, frio, calor, pânico, etc. Ao contrário, a construção intelectual não pode ser compreendida como universal, esta varia com os tempos e com as culturas[43].

Se somos a parte e o todo e, ainda, se somos um complexo vibratório macromicro que interage através das vibrações, as relações humanas se processariam no campo vibracional macromicro.

---

[42] Maria Beatriz Breves RAMOS. *Psicossomática – um novo Paradigma*. pp. 22-28.

[43] *Ibid. Macromicro – A Ciência do Sentir*. p.94.

De acordo como o fenômeno da ressonância[44], "qualquer corpo capaz de vibrar possui uma freqüência natural (...) (e) se um agente externo emitir uma freqüência igual (...) ocorrerá a ressonância (...) (e) que, se não houver amortecimento, poderá ocorrer a ruptura do sistema."

Portanto, seja em pequenos, médios ou grandes grupos, inevitavelmente, vamos sempre estar em pequena, média ou grande escala, experimentando a ressonância que, se não for amortecida, provocará a ruptura do sistema.

Conseqüentemente, o que a civilização regularia com as leis seriam as intensidades e as qualidades das vibrações, que podem se fazer maiores, menores, construtivas ou destrutivas, obrigando a pessoa a conter em si mesma as vibrações que ressoassem destrutividade no coletivo.

E, sob este vértice, como compreendeu Freud, a civilização impõe uma experiência de sofrimento ao ser humano, pois obriga a pessoa a conter em si mesma qualquer qualidade vibratória que ressoe destrutividade no coletivo.

Mas, também, sob este mesmo vértice, como compreendeu Kohut, o campo vibracional gerado pelas relações humanas em sociedade, ou seja, o campo vibracional social funcionaria como um suporte, ou seja, como um selfobjeto, para o complexo vibracional Eu (self).

Como podemos ver, sob a visão vibracional macromicro, Freud e Kohut se fazem visões que se superporiam em níveis de qualidades vibracionais; ou seja, a mesma vibração que em um determinado nível pode promover sofrimento, em outro pode promover segurança. Vale acrescentar que, dependendo da qualidade e do grau de intensidade da vibração, esta visão também explicaria as patologias

---

[44] *Ibid*, pp.23-24.

masoquistas nas quais os sofrimentos promovem, mesmo que de forma patológica, estruturação.

Como já foi descrito:

> A visão do ser humano macromicro estabelece que não somente a agressão, a destrutividade, mas todo e qualquer sentimento expresso pelo ser humano macromicro é ressoativo, ou seja, é resultado da interação com o meio que o envolve.
>
> O ser humano macromicro não nasce bom ou mau, ele apenas nasce com um potencial vibratório que (...) começa a vibrar ainda na fase embrionária (...)
>
> Uma pessoa far-se-á construtiva ou destrutiva etc. de acordo com a qualidade de vibrações que foram interagidas com ela, a maioria delas imperceptíveis à observação humana, desde a fecundação até o instante presente.[45]

Acrescenta-se sobre o genes, na evolução do estudo da Ciência do Sentir, que se não há diferença entre o psíquico e o corpo, ou seja, se psíquico é corpo e corpo é psíquico – um complexo vibratório macromicro –,

> (...) os genes também são macromicro. Seriam em sua estrutura um complexo que possuiria registros em potenciais vibratórios de toda a evolução do universo, desde o Big Bang até o que gerou aquele ser. Portanto, se os genes transmitem caracteres genéticos, também transmitem registros em potenciais vibratórios que, se encontrarem na interação com o meio, através da ressonância, a capacidade para serem processados, vibrarão.[46]

E, assim, de acordo com esta visão, seriam incontáveis as possibilidades de uma pessoa ressoar qualidades vibratórias capazes de promover estruturação ou desestruturação tanto no meio quanto nela mesma.

---

[45] *Ibid. Macromicro – A Ciência do Sentir.* pp. 131-132.

[46] *Ibid. O Homem Além do Homem.* p. 56.

Se nos reportarmos ao início dos estudos de Freud, ele escreve: "os neurônios devem ser encarados como partículas materiais[47]". E, mais, nos dias de hoje, sabemos que:

> (...) Nos circuitos, o contato entre dois neurônios ocorre apenas em pontos especializados chamados de sinapses. Nelas, os neurônios não se tocam, deixam um espaço minúsculo entre as duas terminações (...) eles se comunicam através de uma linguagem físico-química.[48]

A Ciência do Sentir se propôs a romper com a convenção de que os estudos dos seres vivos devem começar em nível celular, no nível macrocósmico da matéria, ou seja, dizendo de forma simplificada, "no nível que os nossos sentidos alcançam, no nível da nossa percepção, no mundo do nosso dia-a-dia[49]".

E isto porque com os conhecimentos que temos hoje do universo quântico – "o nível que os nossos sentidos não alcançam o inimaginável, o inatingível pela nossa percepção, o mundo da estrutura atômica – interior atômico[50]"; manter-se apenas no nível macrocósmico da matéria, na visão determinista e cartesiana do universo, é estar em pleno século XXI concebendo a natureza com o olhar de um estudioso do século XIX[51].

---

[47] Sigmund FREUD. *Projeto Para uma Psicologia Científica*. p. 395.

[48] Drauzio VARELLA. http://www.drauziovarella.com.br/artigos/cerebro_borboleta4.asp

[49] Maria Beatriz Breves RAMOS. *Macromicro – A Ciência do Sentir*. p.19.

[50] *Ibid*.

[51] A Ciência do Sentir não concebe a natureza macro e/ou micro, mas macromicro, ou seja, uma natureza una, inteira e indivisível. A divisão entre macrocósmica e microcósmica é uma ilusão imposta ao ser humano por seu sistema perceptivo ao longo da evolução da espécie humana. Neste contexto, o soma e a psique seriam manifestações da complexidade macromicro humana que, em nível macro, se manifesta como somática, e em nível micro se manifesta como psíquico. Uma divisão que não existe na realidade, pois soma é psíquico e psíquico é soma – o complexo macromicro vibratório – psicossomático – humano.

Se recorrermos à evolução do conhecimento, primeiramente, as alterações mentais foram explicadas como alterações na morfologia dos hemisférios cerebrais e lesões visíveis. Com o avanço, as mesmas alterações neuronais foram entendidas como inflamações, degenerações, etc.

E mais ainda, a compreensão do funcionamento cerebral ampliou-se com a descoberta da influência dos neurotransmissores, receptores, etc. chegando, até mesmo, nos quadros maníacos, depressivos, esquizofrênicos e ansiosos, a serem detectadas as regiões do cérebro nas quais as alterações eram mais significativas.

Nos dias de hoje já se estudam o interior das células e os seus fenômenos como a polarização, íons, cálcio, etc.

> A membrana plasmática do neurônio transporta alguns íons ativamente (...) em repouso a membrana da célula nervosa é praticamente impermeável ao sódio, impedindo que esse íon se mova a favor de seu gradiente de concentração (...) Ao ser estimulada, uma pequena região da membrana torna-se permeável ao sódio (...) A entrada de sódio é acompanhada pela pequena saída de potássio. Esta inversão vai sendo transmitida ao longo do axônio, e todo esse processo é denominado onda de despolarização. Os impulsos nervosos ou potenciais de ação são causados pela despolarização da membrana além de um limiar (nível crítico de despolarização que deve ser alcançado para disparar o potencial de ação) (...) Imediatamente após a onda de despolarização ter-se propagado ao longo da fibra nervosa, o interior da fibra torna-se carregado positivamente, porque um grande número de íons sódio se difundiu para o interior. Essa positividade determina a parada do fluxo de íons sódio para o interior da fibra, fazendo com que a membrana se torne novamente impermeável a esses íons (...) [52]

[52] Ana Luisa Miranda VILELA. http://www.afh.bio.br/nervoso/nervoso1.asp#potencial

Em se seguindo a evolução do conhecimento, a tendência seria compreender o sistema neuronal desde a sua estrutura de origem, ou seja, desde a sua estrutura quântica, viabilizando o entendimento do sistema neuronal como um complexo macromicro vibratório.

Assim, de acordo com a Ciência do Sentir, tal qual tudo o que existe na matéria, os neurônios também se constituiriam como um complexo macromicro vibratório, compostos em sua estrutura por átomos, elétrons, quarks e, ainda, de acordo com uma das mais atuais teorias da Física, por minúsculos laços de cordas vibrantes.

> A matéria é composta de átomos, que são formados por elétrons e quarks. De acordo com a teoria das Cordas, todas estas partículas são, verdadeiramente, minúsculos laços de cordas vibrantes[53].

E, portanto, se o processo de transmissão da informação neuronal é físico-químico, como um exemplo, também os íons seriam partículas que em sua estrutura vibrariam, tal qual todo o sistema neuronal.

Em termos de qualidade de um estado vibracional foi verificado, em nível teórico[54] e depois prático[55], que possuímos um limiar de equilíbrio vibracional dinâmico e que a mudança de um estado de equilíbrio para outro implica uma ruptura, um ir além do limiar de equilíbrio dinâmico. Deste modo, para se modificar, seja de um estado vibracional de qualidade boa para um estado vibracional de qualidade de sofrimento ou vice-versa, faz-se necessário romper o limiar de equilíbrio.

E, assim, podemos compreender que, ao interagirmos uns com os outros, podemos vibrar uma qualidade vibracional que tanto estruture quanto desestruture. No caso particular das transmissões

---

[53] Green BRIEN. *The Elegant Universe.* p. 14

[54] Maria Beatriz Breves RAMOS. *O Homem Além do Homem.* p. 56

[55] *Ibid. A Fronteira do Adoecer.*

entre os neurônios, as suas qualidades vibratórias poderiam tanto transmitir qualidades vibracionais que, rompendo com o limiar de equilíbrio, favoreceriam a integração da pessoa quanto qualidades vibracionais que, também rompendo com o limiar de equilíbrio, favoreceriam a desintegração da pessoa.

Esta visão explicaria, por exemplo, a razão de uma pessoa, ao ingerir um medicamento, tanto poder sentir um sentimento e uma sensação de bem-estar quanto um sentimento e uma sensação de mal-estar. Isto se daria porque o medicamento, também sendo um complexo macromicro vibratório, ao interagir com o complexo macromicro vibratório humano, promoveria diversas qualidades vibracionais que podem vibrar tanto um sentimento de paz e alegria de viver quanto um sentimento de raiva e depressão, levando, inclusive, a pessoa a tornar-se violenta e destrutiva.

Assim, a compreensão vibracional explicaria o porquê de uma pessoa, ao utilizar uma determinada droga, poder se tornar violenta enquanto que outra, não. Tudo irá depender da qualidade de interação entre o complexo macromicro vibratório droga e o complexo macromicro vibratório da pessoa que utilizou a droga.

A compreensão vibracional também elucida o fato de a agressividade se apresentar em vários graus e em intensidades variadas[56]. Se a agressividade é concebida como uma qualidade vibracional, não fica difícil compreender que seria a regulagem do grau e da intensidade da vibração que iria promover a possibilidade de sua contenção em nós mesmos, assim como também, conseqüentemente, a possibilidade de nos mantermos integrados, viabilizando que ao sentirmos vontade de agredir alguém, quando estamos com raiva, não o façamos, mas que possamos vibrar esta raiva, por exemplo, em nossos sonhos, mantendo-a, através de um grau de regulagem satisfatória, contida em

[56] Vide capítulo 12.

nós mesmos, ao mesmo tempo que, valendo-nos de um artifício, a extravasamos de forma inócua.

A visão vibracional ainda esclareceria a comunicação não-verbal, por exemplo, entre duas pessoas que se apaixonam à primeira vista ou mesmo sentem uma antipatia gratuita pela outra, etc. Tal qual na relação mãe e filho, a mãe reagir diferentemente a cada filho e cada filho reagir diferentemente à mesma mãe.

Essas formas de comunicação se dariam pela ressonância; e no caso da relação mãe-bebê, mãe e bebê teriam suas características vibratórias individuais reagindo diferentemente; e até mesmo antes de a criança nascer, já ocorreria uma relação vibracional capaz de deixar marca que poderia determinar traços de personalidade daquele ser que está sendo gerado.

> Mãe e feto (antes embrião) superpõem dois complexos macromicro, interagem entre si vibrando um por sobre o outro (...) a qualidade destas vibrações irá determinar a qualidade do desenvolvimento da gestação e do feto macromicro (...) uma mãe que vibre angústia, ansiedade, disfunções orgânicas de diversas ordens irá interagir com o complexo macromicro feto com estas qualidades de vibrações, marcando freqüências de angústia, ansiedade e disfunções orgânicas de diversas ordens no complexo macromicro feto, que, por sua vez, irá também interagir com o complexo macromicro mãe com estas mesmas qualidades vibratórias.
>
> Podemos dizer que, através de nosso sistema vibracional macromicro, já no período de gestação temos os primeiros encontros e/ou desencontros com a nossa mãe e com o mundo, o que com certeza determinará a base vibratória de nosso desenvolvimento[57].

[57] Maria Beatriz Breves RAMOS. *Macromicro – A Ciência do Sentir.* p. 120.

Por fim,

1. se somos um complexo macromicro vibratório;

2. se somos parte e todo;

3. se nos relacionamos pelo princípio da interação e ressonância;

4. então, somos um ser que pode interferir no processo de mudança de um grupo,

5. tal qual um grupo pode interferir no processo de mudança de um ser.

Do que se conclui que a luta individual vale a pena, pois, mesmo aparentemente individual, ela é coletiva. E quando uma pessoa consegue romper o seu limiar de equilíbrio individual, está, inevitavelmente, colaborando com o rompimento do limiar de equilíbrio coletivo.

15

CONSIDERAÇÕES FINAIS SOBRE A VIOLÊNCIA

Kohut ponderou que se a agressividade destrutiva de fato fosse uma manifestação da agressão animal intrínseca ao homem, como poderia ser explicado o nazismo e o holocausto, uma ideologia e uma prática elaborada e arquitetada com alta sofisticação intelectual?

O holocausto não foi algo impensado e animalesco, muito pelo contrário, foi, em todas as suas ações, muito bem planejado e premeditado, de forma que se realizou muito mais na escala humana do pensamento do que na escala animalesca da natureza instintiva. E este foi um dos exemplos que Kohut utilizou para demonstrar que a agressividade humana não é destrutiva, mas se torna destrutiva e violenta pela falta de coesão do self.

Se uma criança nasce em um ambiente hostil, frio, indiferente e rígido, tenderá a desenvolver a agressividade, muitas vezes, destrutiva, pois não terá coesão de self suficiente, ou um selfobjeto empático que assuma o lugar do self, para apoiar as pulsões de forma a mantê-las integradas. E é por isto que em quase todas as manifestações de patologias infantis se encontram a agressividade destrutiva e a violência, melhor dizendo, é quase uma regra que se a pessoa sofreu traumas e/ou feridas narcísicas sérias em quantidades e qualidades expressivas, desenvolverá uma agressividade destrutiva e violenta.

Quem nunca ouviu alguém falar: "Enquanto eu não me vingar de fulano, não vou ter sossego!"? Essas são palavras que mostram, por mais contraditório que possa parecer, a agressividade sendo experimentada e até cultivada como um artifício para que a pessoa pouco estruturada se sinta melhor. E isto se dá porque a agressividade, quando canalizada para um objetivo, funciona como um apoiador do self.

Se a pessoa possui um self estruturado, a agressão apoiada por um self coeso e, portanto, apoiador do Eu, deverá se manifestar como assertividade (agressão madura) e ajudar na impulsão da pessoa para que ela atinja o seu objetivo. No entanto, se a pessoa não possuir um self estruturado, a agressão irá funcionar, ocupando o lugar do self, como apoiadora do Eu e deverá, neste caso, de forma patológica, se transformar em raiva destrutiva e impulsionar a pessoa, possuidora de uma baixa auto-estima, na direção de atitudes que a farão sentir uma força que de fato não possui. Por exemplo, seriam aquelas pessoas arrogantes que, pensando que sabem tudo, se sentem acima do bem e do mal, de tudo fazendo para dificultar a vida alheia, etc.

Assim como a agressividade destrutiva pode distorcer um sentimento de fragilidade interna para um sentimento de força, também pode distorcer a auto-imagem que a pessoa tem de si mesma.

Em certas pessoas há uma desagregação do Eu corporal (que pode variar em grau e intensidade patológica), pela qual, mesmo pertencendo ao padrão de beleza convencionado, sentem-se feias e disformes. Em casos mais graves, a pessoa pode até partir para uma automutilação, ou seja, sair do nível de representação para o nível concreto de desagregação corporal.

Certa vez, um esquizofrênico em pleno surto psicótico, internado no Manicômio Judiciário, à noite, depois de experimentar um ataque de fúria e matar seu companheiro de cela a pontapés, mutilou-se, cortando o seu pênis, vindo a falecer pouco tempo depois.

Por outro lado, muitos se perguntam por que a mulher, tão admirada e desejada pelos homens, acaba se tornando um dos principais alvos da violência masculina.

Nós já sabemos que se a criança nascer em condições satisfatórias, a sexualidade e a agressividade deverão se harmonizar no todo de sua personalidade. Em suma, a criança saberia usar a agressividade de forma bem dosada para a sua defesa, assim como também a sua sexualidade não sofreria aberrações.

Porém se, ao contrário, a criança viver predominantemente momentos difíceis, incompreensões e maus tratos, terá tudo para ser uma criança com um acúmulo grande de tensão, ansiedade e estresse, que, inevitavelmente, precisará ser descarregado. Em suma, o excesso de tensão, ansiedade e estresse associado a um ambiente hostil irá transformar em patologia a agressão e a amorosidade maduras.

Quando uma criança pequena toca os seus genitais, ela, já sentindo uma sensibilidade maior e prazerosa, poderá usar a masturbação, aliada às fantasias, como um subterfúgio para lidar com as tensões. Esta forma de escape da tensão pode gerar na vida adulta o uso da sexualidade e da erotização associado a momentos estressantes, ou seja, não como prazer, mas como meio de descarga de tensão.

Daí muitos homens usarem o sexo como forma de poder, domínio e abuso da mulher. Estes sentimentos geram tensão, e a descarga viria frente à possibilidade de submeter a mulher.

Entendemos que esta submissão ocorre porque, assim como o bebê espera que a mãe, como uma Imago Parental Idealizada, tenha a capacidade de nutri-lo plenamente, um homem imaturo pode, em sua patologia, ficar esperando que a mulher possa nutri-lo emocionalmente de forma plena.

O fato de a mulher, por razões óbvias, não poder proporcionar tal plenitude de nutrição afetiva, não só gera inveja, como também muita raiva e frustração. Volta e meia lemos nos jornais histórias de homens que matam suas mulheres quando elas decidem pelo término da relação. Na mente destes homens, essas mulheres idealizadas não queriam nutri-los e, assim, sob a alegação de que se não são deles não podem ser de mais ninguém, ou seja, se não querem nutri-los não podem nutrir mais ninguém, as matam com raiva.

E mesmo sem chegar ao extremo do assassinato, não é raro o homem se sentir rejeitado quando, por exemplo, a sua mulher engravida. Muitos homens, não aceitando a entrada de um terceiro na relação, vivenciam a fúria, arranjam amantes e alguns chegam até a abandonar a família.

Não raro, também encontramos situações em que a sexualidade e a agressividade se apresentam, lado a lado, trabalhando, inconscientemente, com o mesmo objetivo, tal como, por exemplo, nos relacionamentos sádicos.

Nos relacionamentos que envolvem o sadismo e o masoquismo sexual, o agressor se sente forte, maltratando e batendo em sua parceira. Por outro lado, nesse caso, a mulher, em sua patologia psíquica, vê o seu parceiro como um ser forte idealizado. E, assim, os dois se excitam sexualmente, ela com a suposta força dele e ele com a suposta fraqueza dela.

Finalizando, procuramos com este livro mostrar que, em seus vários níveis, a violência e a agressividade estão presentes no ser humano desde os primórdios da humanidade, e que, de forma utópica, apenas se mal conduzidas podem ocasionar a destruição. Dizemos de forma utópica porque humanamente uma condução perfeita da agressividade não se faz possível; podemos sim, chegar em níveis de boa convivência.

Vimos, a partir de algumas visões teóricas, que os seres humanos podem se tornar destrutivos, entre outros motivos, devido à falta de estrutura de apoio necessária ao seu desenvolvimento – no caso, a família seria a maior representante desta estrutura de apoio. E, ainda, que em nível social os seres humanos podem se tornar destrutivos, devido à falta de estrutura de apoio necessária ao desenvolvimento coletivo – no caso, o Estado seria o representante desta estrutura de apoio.

Se pensarmos o Brasil, entendemos que a violência está cada vez mais se propagando como um sintoma da falha do Estado nas suas funções básicas. Nossos governantes, em sua maioria, são políticos com patologias narcísicas que, preocupados unicamente com eles mesmos, buscam o enriquecimento fácil, as vantagens pessoais, etc., esquecendo-se quase sempre das necessidades do povo que direta ou indiretamente os elegeu.

Boa parte dos políticos brasileiros, contrariando todos os princípios da ética, acaba, através de pseudo-soluções demagógicas, estimulando a incapacidade física e mental, a não-capacitação profissional, a miséria, a desigualdade social, o uso das drogas, a prostituição infantil, etc., enfim, corroendo o povo, quando no exercício do poder adere à corrupção e/ou a ações populistas.

Assim, entendemos que a violência que assola o país é o sintoma de um sistema político incapaz, pela demagogia e corrupção, de regular as relações mútuas de um povo, deixando cada um de nós por conta e risco de nossa própria agressividade interna e da agressividade do outro.

No dia em que estamos terminando de escrever este livro, na primeira página do jornal *O Globo*[58], está escrito:

> O terror imposto aos paulistas pela principal facção criminosa do estado aumentou rapidamente ontem e no fim da noite já

[58] *O Globo*, primeira página, 15 de maio de 2006.

> eram contabilizados 72 mortos em 115 ataques a postos policiais e em 69 rebeliões de presídios (...) O advogado da facção criminosa acusada de organizar a onda de ataques (...) disse que se, a polícia revidar, a violência dos criminosos deverá aumentar (...)
>
> Quem trabalha no Centro do Rio bate ponto diariamente com o perigo, sobretudo em 21 locais onde é alto o risco de assaltos, roubos de celulares, "saidinhas" de banco e arrombamentos de carros (...)
>
> (E ainda) A polícia Federal abre hoje inquérito sobre a elaboração de um dossiê atribuindo contas secretas no exterior a membros do governo federal (...)
>
> (E mais ainda) desembargador suspendeu (...) novo pedido de resposta do Estado (Rio) sobre contratações de ONGs sem licitação.

Esperamos com este livro estar somando, e não faz mal se for com apenas uma pequena gota, a diversas outras contribuições para uma mudança expressiva neste quadro de violência política e social que vem assustando a todos nós. Até porque estamos aprendendo com a água que se é possível, gota a gota, destruir o planeta, gota a gota é possível salvá-lo!

REFERÊNCIAS BIBLIOGRÁFICAS

BRIEN, G. *The Elegant Universe*. New York: Norton,1999.

BISKER, J. Aplicações da Psicologia do Self à Psicoterapia de Grupo. *In*: *Grupoterapia Hoje*. Porto Alegre: Artes Médicas, 1986.

CARNEIRO LEÃO, I. A Teoria Selfobjeto e as Transferências Narcísicas. *In*: Ramos, M.B.B. *Uma Introdução à Psicologia Psicanalítica do Self* – A teoria de Heinz Kohut desde as suas origens em Sigmund Freud. Rio de Janeiro: Mauad, 2001.

FREUD, S. *Conferência XXXI, VOL.XXII* – ESB. Rio de Janeiro: Imago, 1976.

________. *Mal-Estar da Civilização* – Vol. XXI. ESB. Rio de Janeiro: Imago, 1976.

________. Projeto Para uma Psicologia Científica. *In*: *Publicações Pré-psicanalíticas e Esboços Inéditos*. Vol. I. ESB. Rio de Janeiro: Imago, 1977.

KOHUT, H. *Análise do Self*. Rio de Janeiro: Imago, 1988.

________. *Restauração do Self*. Rio de Janeiro: Imago, 1988.

________. *Como Cura a Psicanálise?* Porto Alegre: Artes Médicas, 1988.

________. *Psicologia do Self e a Cultura Humana*. Porto Alegre: Artes Médicas, 1988.

RAMOS, MBB. *Macromicro – A Visão Psicofísica Quântica da Psicanálise* – Boletim Científico nº10/93 da Sociedade Brasileira de Psicanálise do Rio de Janeiro, 1993.

________ .*Macromicro – A Ciência do Sentir* – Uma visão revolucionária do ser humano a partir da física quântica, da teoria da relatividade, da psicanálise, da biologia e das artes. Rio de Janeiro: Mauad, 1998.

________. Psicossomática: um novo paradigma. Apresentado na mesa de abertura do IV Fórum de Psicossomática: "Psicossomática: um novo paradigma", do Curso de Especialização da CEPAC/UGF, realizado nos dias 29, 30/09 e 01/10 de 1999 na UGF/RJ e publicado na apostilha n.1, pp.22-28. do Curso de Especialização em Psicossomática da CEPAC/ UGF – Unidade Downtown/Barra/RJ.

_______. *O Homem Além do Homem* – Uma visão do ser humano a partir da Ciência do Sentir. Rio de Janeiro: Mauad, 2001.

_______. *Uma Introdução à Psicologia Psicanalítica do Self* – A teoria de Heinz Kohut desde as suas origens em Sigmund Freud. Rio de Janeiro: Mauad, 2001.

_______. *A Fronteira do Adoecer* – O sentir e a psicossomática. Com a colaboração de Winter, AHV. Rio de Janeiro: Mauad, 2005.

Website

http://www.bartleby.com/66/2/56902.html – The Columbia World of Quotations. Copyright © 1996 Columbia University Press.

http://www.pfilosofia.pop.com.br/04_miscelanea/04_03_barsa/barsa_12.htm

http://cenp.edunet.sp.gov.br/Agua/introducao.asp

http://pt.wikipedia.org/wiki/searchInput#searchInput – BBC Brasil - reportagem datada de 09/06/2004

http://www.bbc.co.uk/portuguese/ciencia/story/2004/06/040609_violenciaml.shtml

http://gballone.sites.uol.com.br/temas/violen_inde.html – Ballone GJ – Violência e Saúde, *in*. PsiqWeb.

http://www.drauziovarella.com.br/artigos/cerebro_borboleta4.asp . Varella D.

http://www.afh.bio.br/nervoso/nervoso1.asp#potencial. Vilela. A.L.M.

Jornais

O Globo

O Globo on line

Jornal do Brasil on line

Folha de S.Paulo on line

Leia também da Mauad Editora e
da autora *Maria Beatriz Breves Ramos*:

Macromicro, a Ciência do Sentir

O Homem Além do Homem – Uma Visão do Ser Humano a partir da Ciência do Sentir

Uma Introdução à Psicologia Psicanalítica do Self – A Teoria de Heinz Kohut

A Fronteira do Adoecer – O Sentir e a Psicossomática (colaboração de Ana Helena Vieira Winter)

Para saber mais sobre nossos títulos e autores,
visite nosso site:
www.mauad.com.br

Este livro, da MAUAD Editora,
foi impresso em papel ofsete 75g,
na gráfica Sermograf